누가 새사람 인가?

교의학자가 풀어내는 로마서

누가 새사람인가?
교의학자가 풀어내는 로마서

지은이 유 해무
펴낸이 이 운연
초판발행 2016년

펴낸곳 그라티아출판사
주소 전남 여수시 충민로 175(상가1호)
전화 070-7164-0191
팩스 070-7159-3838
홈페이지 http://www.4re.co.kr
이메일 luypark@nate.com
디자인 디자인집 02-521-1474
ⓒ 그라티아출판사 2016

값 8,000원

ISBN 978-89-965712-8-5

Printed in Korea

누가 새사람 인가?

교의학자가 풀어내는 로마서

유해무 지음

Who is the new man?

그라티아

contents

종교개혁신앙강좌 시리즈 서문 ⋯⋯⋯⋯⋯⋯⋯⋯⋯⋯ 6
저자서문 ⋯⋯⋯⋯⋯⋯⋯⋯⋯⋯⋯⋯⋯⋯⋯⋯⋯⋯⋯⋯⋯ 8

제1장.
삼위 하나님의 미쁘심과 새사람(1-8장) ⋯⋯⋯⋯⋯ 12

1. 로마서의 수신자와 내용 ⋯⋯⋯⋯⋯⋯⋯⋯⋯⋯⋯⋯ 15
2. 하나님의 미쁘심, 하나님의 영광과 자랑 ⋯⋯⋯⋯⋯ 17
3. 그리스도로 말미암는 새사람 ⋯⋯⋯⋯⋯⋯⋯⋯⋯⋯ 25
4. 성령님 안에 있는 새사람의 고난과 영광 ⋯⋯⋯⋯⋯ 28
5. 삼위 하나님의 미쁘심과 새사람 ⋯⋯⋯⋯⋯⋯⋯⋯ 32

제2장.
하나님의 사랑과 선택의 역설과 새사람(9-11장) ⋯ 34

1. 선택과 약속에 신실하신 하나님 ⋯⋯⋯⋯⋯⋯⋯⋯ 40
2. 율법의 완성 그리스도 ⋯⋯⋯⋯⋯⋯⋯⋯⋯⋯⋯⋯⋯ 46
3. 긍휼에 응답하라! ⋯⋯⋯⋯⋯⋯⋯⋯⋯⋯⋯⋯⋯⋯⋯ 52
4. 하나님의 약속을 받는 백성은 항상 있다 ⋯⋯⋯⋯⋯ 54

5. 이방인 출신 신자는 이스라엘을 기억하라! ⋯⋯⋯⋯ 57
6. 송영 ⋯⋯⋯⋯⋯⋯⋯⋯⋯⋯⋯⋯⋯⋯⋯⋯⋯⋯⋯⋯⋯⋯⋯ 62

제3장.
하나님께 미쁜 새사람이 되라!(12-16장) ⋯⋯⋯ 64

1. 믿음의 분량대로 지혜롭게 생각하라 ⋯⋯⋯⋯⋯⋯⋯ 67
2. 믿음으로 서로 받고 하나님께 영광 돌리라 ⋯⋯⋯⋯ 71
3. 우리와 같이 하나님께 영광을 돌려야 하는 이방인(선교) ⋯ 78

제4장.
하나님의 영광, 새사람의 영광! ⋯⋯⋯⋯⋯⋯ 82

설교 1. 하나님의 영광과 새사람(롬 8:12-17) ⋯⋯⋯⋯ 88
설교 2. 하나님의 새사람답게 살라!(롬 12:1-2) ⋯⋯⋯⋯ 105
설교 3. 성령 안에서 예수님의 일꾼인 하나님의 제사장 ⋯⋯ 122
     (롬 15:14-20)

종교개혁 신앙강좌를 펴내며

수도권의 작은 교회들(광교장로교회/다우리교회/시냇가교회/온생명교회)이 연합하여 종교개혁 신앙강좌를 열고 있습니다. 종교개혁 신앙강좌는 성경, 교회, 역사의 삼박자를 추구합니다.

개혁자들이 복음을 새롭게 발견하여 중세의 어둠을 혁파하였듯이 우리는 우리 시대의 어둠을 물리치기 위한 말씀을 구했습니다. 교회가 우리 시대의 긴급한 주제를 정하여 교회의 교사들인 신학교수에게 성경을 풀어달라고 요청해서 나온 산물이 이 종교개혁 신앙강좌

시리즈입니다. 그동안 '믿음이란 무엇인가', '회개란 무엇인가?', '성도의 교제란 무엇인가?'[1]를 다루었습니다.

제4회 종교개혁 신앙강좌는 로마서를 중심으로 '누가 새사람인가?'라는 주제를 다루어 달라고 고려신학대학원 유 해무 교수께 의뢰했습니다. 2013년 종교개혁기념주간에 우리는 새사람의 관점에서, 아니 하나님의 미쁘심의 관점에서 로마서를 꿰고 묵상할 수 있는 넘치는 복을 누렸습니다. 삼위 하나님이 미쁘시니 그분의 자녀들은 믿음직한 새사람이라는 사실을 모든 교회와 더불어 나누기를 원합니다.

작은 다섯 교회를 대표하여

목사 안 재경 (온생명교회)

---

[1] 본사가 출간한 『사귐의 환희』가 이 강좌의 결과물입니다. 저자는 고려신학대학원의 최승락 박사.

저자 서문

누가 새 사람인가?
- 삼위 하나님의 미쁘심과 믿음직한 새사람

로마서에는 '새사람'이라는 말이 나오지는 않는다. 새사람은 바울 사도의 다른 편지에 나오며(엡 2:15, 4:24; 골 3:10), 로마서에는 다만 새사람과 대비되는 옛사람이 나온다(롬 6:6; 엡 4:22; 골 3:9). 로마서에 나오는 '옛사람'을 제외하면, 옛사람과 새사람은 에베소서와 골로새서에만 나온다.

그리스도께서는 자기 피로 한 새사람을 만드시고 화평을 주셨다(엡 2:15). 이것은 구원역사적인 사건으로 유대인과 이방인의 담이 허물어졌음을 말한다. 이 그리스도의 사역으로 옛사람의 때는 지나가고 새사람의 시대가 왔다. 새사람은 하나님을 따라 의와 진리와 거룩함으로 지으심을 받은 사람이다(엡 4:24). 유혹의 욕심(정욕)을 따르는 옛사람을 벗고 새사람을 입어야 한다. 골로새서의 경우 2장에서 육의 몸을 벗는 세례를 말한다(골 2:11-12). 세례로 그리스도와 함께 다시 살리심을 받은 성도(골 3:1)는 이전의 옛사람과 그 행위를 벗어버리고 새사람을 입었다. 곧 자기를 창조하신 이의 형상을 따라 지식에까지 새롭게 하심을 입은 자들이다(골 3:9-10). 로마서에 나오는 '옛사람'도 세례로 예수 그리스도와 합하여 십자가에 못 박혀 죽고, 그분의 부활과도 합하여 (태어난 새 사람은) 더 이상 죄에게 종노릇하지 아니하는 새생명 가운데 새롭게 살아간다(롬 6:3-11).

옛사람과 새사람의 경계는 그리스도이시고, 그리스도와 합하는 세례를 통해서 경계를 넘어간다. 그리스도와 합함으로써 그리스도를 입는다. "누구든지 그리스도와 합하기 위하여 세례를 받은 자는 그리스도로 옷 입었다."(갈 3:27) 이처럼 바울 사도의 편지에서 세례와 옷 입음은 그리스도와의 연합을 뜻하며, 이로써 옛사람과 새사람은 대립하며 결별한다. 로마서에서도 마찬가지이다. 우리는 세례로 그리스도와 합하였다(롬 6:3-5). 즉 그리스도를 옷 입었다. "오직 주 예수 그리스도로 옷 입고 정욕을 위하여 육신의 일을 도모하지 말라."(롬 13:14) 옛사람의 특징은 육신이 정욕을 추구함이다. 옛사람을 말하는 6:6이 아담과 그리스도를 비교한 다음에 나온다는 사실은 중요하다. 옛사람이 그리스도와 합하여 십자가에 못 박힘은 정욕을 십자가에 못 박음이다(갈 5:24).

새사람, 그는 예수님과 합하여 옛사람을 십자가에 못 박아 죄의 종이 아니라 의의 종으로, 불의의 무기가 아니라 의의 무기로서 몸의 사욕을 죽이는 사람을 말한다(롬 6장). 비록 로마서에 '새사람'이 나오지는 않지만, 우리는 마치 사도께서 직접 로마서에서 언급한 것처럼 이 용어를 사용하려고 한다. 새사람은 하나님께서 행하신 일이요 작품이다. 새사람은 새생명 중에 행하며(6:3), 성령님의 새 시대에 섬기는 자이다(7:6). 이 새사람을 만드시기 위하여 삼위일체 하나님께서 신실하게 사역하셨고, 지금도 사역하고 계신다. '하나님은 자기의 미쁘심'(3:3)으로 믿음으로 거듭나게 하신 새사람(1-8장)과 새사람의 공동체를 이루신다(9-11장). 그러면 이들은 하나님의 미쁘심을 본받아 믿음직한 삶을 살아야 한다(12-16장). 하나님의 미쁘심으로 이루어진 새사람의 믿음직한 삶은 삼위일체 하나님의 영광을 이루고 사람들에게 칭찬받는다.

유 해무

제1장

삼위 하나님의 미쁘심과 새사람

로마서 1-8장

1장
삼위 하나님의 미쁘심과 새사람
(1-11장)

어떤 자들의 불신이 "하나님의 미쁘심"을 폐할 수 없다!(3:3) 즉 하나님의 말씀을 맡은 유대인 중에서 하나님을 믿지 않는 자들이 나왔다. 그렇지만 인간의 행위, 심지어 이런 불신도 말씀의 주인이신 "하나님의 믿음"을 파기할 수는 없다. 이 '믿음'이 곧 '미쁘심'과 같은 말이다. 따라서 하나님의 말씀도 폐하여질 수 없다(9:6). 바울 사도는 로마서 전부에서 이 하나님의 믿음을 변증한다. 하나님께서는 사람의 행위에도 불구하고 자기의 동일성을 일관되게 유지하신다는 사실을 높이고 그분께 영광을 돌린다. 새사람은 하나님의 이런 믿음을 닮아 믿음을 가짐으로 이 영광에 참여하여 새사람으로 살아갈 수 있다.

1) 로마서의 수신자와 내용

1] 수신자

로마서는 고린도에서 바울 사도가 주후 58년경 로마에 있는 성도들에게 보낸 편지이다. 대상이 구체적이다 보니 구체적인 내용을 담고 있다. 사도는 고린도에서 예루살렘에 들러 연보를 전달하고 곧장 로마를 방문하려고 한다(15:22-29). 사도는 로마를 방문하기에 앞서 이 편지로 자신의 이후 선교 사역(스페인!, 15:23)에 동역을 구하면서 자기 복음의 보편성, 곧 공교회성을 소개한다. 이방인의 사도로서 이방인들에게 전한 복음과 유대인이나 유대인 출신 신자들과 토론한 내용을 미리 정리하여 전달한다. 표현 방식은 구체적인 질문과 답변으로 구성된 대화, 그리고 논박하는 방식이다. 이 편지는 이처럼 복음의 구체성과 보편성을 동시에 드러낸다.

수신자는 로마에서 성도로 부르심을 받은 모든 성도이다(1:7). 당시 로마의 교회에는 이방인 출신 성도들이 있었다(1:5-7,13, 15:15-21). 특히 이스라엘의 구원 문제를 취급하는 9-11장은 이를 확실하게 보여준다. 또 유대인 출신 성도도 있었다(2장과 7장). 때로는 수신자의 출신을 정확하게 규명하기 쉽지 않은 본문도 있다. 가령 14-15장에서 말하는 믿음에서 강한 자와 약한 자에 대해서, 대개 전자는 이방인 출신이고 후자가 유대인 출신 신자라고들 추론하기도 한다. 그러나 굳이 구분할 필요 없이 '형제들아'라는 호칭은 양자를 다 포함한다(8:12). 3-6장에서 사도는 유대인들을 향하여 말하면서 이방인들까지 포함하는 새로운 의(義)를 전파한다. 출신 배경과 관계없이 새로운 공동체가 이루어졌으니(9-11장), 12장-16장은 한마음과 한 입으로 주 예수 그리스도의 아버지께 영광을 돌리는 공동체의 일체성을 구현해야 한다고 강조한다. 우리는 본 편지의 수신인을 로마 교회를 구성한 이방인 출신과 유대인 교인으로 보며(3:29-30, 9:24), 사도는 이방인의 사도로서 주로 전자를 향하면서 후자도 겨냥하여 그들 모두를 자기 복음(2:16, 16:25)으로 견고케 하려고 한다(1:11, 15:6-13, 16:26).

2] 내용 요약

로마서의 내용을 간략하게 정리하여 보자. 편지의 초두(1:1-4)와 말미(16:25-27)는 짝을 이루기라도 한 듯 복음의 요약을 담고 있다. 복음은 믿는 자 모두를 구원에 이르게 하는 하나님의 능력이다. 만인은 이 구원의 복음을 필요로 하며 차별이 없다. 사람은 행위나 자신의 의가 아니라 그리스도 안에 나타난 하나님의 구원 사역을 믿음으로 하나님과 화평을 누린다. 이신칭의의 복음(3:21-30)을 구약 특히 아브라함의 역사에서 치밀하게 해명한다(4장). 아담 때문에 들어온 죄와 사망의 왕노릇을 둘째 아담 그리스도께서 폐하셨다(5장). 6-8장은 이 위에 선 새생명을 해명하고, 특히 8장은 성령님의 은사를 명확하게 설명한다. 9-11장에서는 이스라엘의 문제를 다루는데, 하나님께서 이스라엘을 결코 배척하지 않으심을 강조한다. 곧 자기 의를 앞세우는 이 백성조차도 하나님의 언약 때문에 구원을 받는다고 설파한다(11:25-26). 12-15장은 새생명의 존재인 성도와 회중이 자신을 산(生) 제물로 하나님께 드리며 사랑으로 살아야 함을 권면한다.

2) 하나님의 미쁘심, 하나님의 영광과 자랑

우리 하나님은 미쁘시며, 사람이 하나님의 미쁘심(=믿음)을 폐할 수 없다(3:3). 우리는 '하나님의 믿음'이라는 표현에 익숙하지 않다. 믿음을 너무 빨리 '믿어 구원에 이르는 믿음'으로만 이해하고 제한하기 때문이다. 하나님은 스스로 믿을 만한 증거를 주시는 분이시다(행 17:31). 곧 예수님을 다시 살리시는 일로써 모든 사람에게 자기의 '믿음'(미쁘심)을 증거하셨다는 말이다. 우리 하나님은 또 참되시고(3:4), 하나님의 미쁘심은 하나님의 진리(1:25, 3:7, 15:8)와 연결된다. 하나님은 믿음직하신, 즉 믿을 수 있는 분이시며, 약속을 어기지 않고 지키신다. 이것이 그 분의 믿음이고 진리이며 이 미쁘심에서 하나님의 의가 나온다. 하나님은 그리스도 안에서 미쁘시고 신실하고 참되시기 때문에 그리스도께서 하나님의 진리이시다. 그리스도께서는 하나님의 진리를 위하여 할례의 추종자가 되어 조상들에게 주신 약속들을 견고하게 하셨다(15:8). 따라서 우리는 그리스도의 믿음도 말할 수 있다. 하나님의 의는 '그리스도의 믿음'으로 말미암아 모든 믿는 사람에게 미치며 차별이 없다.(3:22. 우리 성경은 '그리스도를 믿음으로 말미암아'로 번역하고 있다. 갈라디아 2:16도 마찬가지이다. 원문은 '그리스도의 믿음'이다.) 이 예수님을 하나님께서는 그분의 피로써 그분의 믿음으로 화목제물로 세우셨다(3:25)

이제야 우리의 믿음을 말할 수 있다. 하나님은 자기의 믿음을 믿음으로 응답하신 예수님을 믿는 자를 의롭다 하시며, 다시 자기 자녀로 삼으신다(3:26,31). 하나님께서 믿음직한 예수님을 통하여 우리를 의롭다 하시는 방식으로 자기를 의롭다 하신다(3:25,26). 비로소 우리의 의를 말할 수 있다. 하나님의 미쁘심과 의가 항상 앞선다. 먼저 선포되어야 한다. 우리는 이 미쁘심과 의를 예수님과 성령님을 통하여 받아 미쁘고 의롭게 된다.

우리는 이 '하나님의 미쁘심'을 앞세워서 로마서 전부를 살펴보려고 한다. 바울 사도는 초두에 복음의 핵심을 정리한다. 곧 하나님이 선지자들을 통하여 성경에 미리 약속하신 아들의 복음이다. 이 아들은 육신으로는 다윗의 혈통이요, 영으로는 부활하심으로써 능력으로 하나님의 아들로 선포되신 예수 그리스도이시다. 이 분으로 인해 사도들은 모든 이방인 중에서 믿어 순종하게 한다. 이 복음에는 하나님의 의가 나타나서 의인은 오직 믿음으로 말미암아 산다(1:2-5:17). 이 내용은 16:25-27에 다시 요약 형태로 나타난다.

1:18-32은 이방인에 대한 하나님의 진노를, 2장은 율법을 아는 유대인을 기다리는 심판을 말한다. 그러면서 3장은 유대인의 나음이 말씀을 맡음이지만, 말씀(!)을 믿지 않는 인간(유대인)의 불신이 하나님의 미쁘심을 폐할 수 없음을 분명하게 밝힌다(3:3). 즉 인간의 불신과 하나님의 믿음을 대비시킨다. 유대인의 변덕에도 불구하고

하나님은 항상 미쁘시고 참 되시다(3:4). 유대인들은 믿지 아니하고 행하려고 하였다. 그러나 율법의 행위로 하나님 앞에 의롭다 하심을 얻을 육체는 없다(3:20). 하나님께서는 자기의 방식으로 자기의 의를 나타내심으로 자기도 의로우며 예수님을 믿는 자들도 의롭다 하시는 양자 승리를 이루시고 선언하신다(3:26). 하나님의 이 믿음과 의로부터 '예수님의 믿음'도 나오며(3:22,25), 성도의 믿음도 나온다. 예수님은 사람의 불신과 변덕에도 불구하고 늘 미쁘신 하나님의 미쁘심을 일관되게 보여주셨다. 하나님께서는 길이 참으시는 중에 예수님을 피 흘리게 하심으로 믿음으로 말미암는 화목제물로 세우셨다(3:25-26). 이 믿음으로 하나님의 자기 의와 불의한 자의 칭의가 실현되었으니, 행위가 아니라 믿음으로 할례자와 무할례자를 의롭다 하실 한 분 하나님께서는 믿음으로 율법을 파기하지 않고 세우신다(3:27-31, 4:9-11).

이것이 하나님의 영광이다! 인간은 자랑할 수 없다. 특히 유대인들이 율법을 의지하며 하나님을 자랑하고(2:17) 율법을 자랑하지만(2:23), 율법이나 행위가 아니라 오직 믿음의 법으로만 이 영광의 하나님을 자랑하여야 한다(3:27). 우리 육신의 조상 아브라함은 하나님을 믿어 의롭게 여겨졌으니 자랑할 것이 없다(4장). 성경(4:3; 곧 말씀, 3:2-3)은 아브라함이 율법의 행위(3:28)가 아니라 하나님을 믿어 의롭다 함을 받았다고 말하니 우리 조상은 자랑할 것이 없다(4:2-3). (율법을) 행하는 자가 아니라 불경한 자를 의롭다 하시는 하나님을 믿는 자는 믿음으로 의롭다 함을 받는다(4:5). 여기에 믿음의 본질이 잘 나타난다. 믿음은 하나님을 믿는 믿음이다. 이 하나님은 스스로 미쁘사 순종의 본(5:19)이신 믿음의 주 예수님 안에서, 할례자나 무할례자를 차별하지 않으시고 자기의 미쁘심으로써 믿는 자들을 의롭다 하신다. 하나님의 미쁘심은 폐할 수 없으니, 곧 말씀인 율법도 그렇고 약속도 폐할 수 없다(4:14). 우리의 믿음은 약속하시는 하나님, 그래서 하나님의 약속을 믿는 믿음이다. 이 약속은 아브라함이나 후손에게 세상의 상속자로 삼으시겠다고 약속하셨다. 이 약속은 율법이 아니라 믿음의 의로 말미암았기 때문에 (4:13), 율법에 속한 자가 상속자가 될 수 없다(4:14). (상속자 됨이, 또는 이 모든 것이) 은혜에 속하려면 믿음으로 되어야 하며, 그래서 약속은 율법에게 속한 자들뿐만 아니라 아브라함의 믿음에 속한 후손에게도 유효하다(4:16). 이는 마치 율법 외에 나타난 하나님의 의이신 예수님이 율법과 선지자의 증거를 받는 것과 같다(3:21). 따라서 그는 믿음으로 할례자와 무할례자 우리 모두의 조상이다(4:1,16).

믿음의 내용이 무엇인가? 우리는 그 내용이 이미 약속의 하나님이심을 말하였다. 그런데 더 구체적으로 믿음의 내용을 말하자면, 믿음은 없는 것을 불러 있게 하시고 죽은 자를 살리시는 하나님을 믿는 부활 신앙이다.[2] 여기에 믿음과 약속의 관계가 아주 구체적으로 나타난다. 아브라함은 자기 몸과 사라의 태가 죽은 것 같았으나, 후손이 상속자가 되리라는 약속을 불신(3:3 참조!)하며 의심하지 않았다. 아브라함은 행위의 근거가 될 수 있는 자기 몸을 자랑하지 않고 약속을 능히 이루실 줄 확신하고 믿음으로 견고하여져서 약속의 하나님을 영화롭게 하였다(4:17-21). 곧 행위가 아니라 자기 약속에 신실하신 하나님을 믿음이 하나님께 영광을 돌린다!

아브라함이 미쁘신 하나님을 믿으매 그 믿음이 그를 의롭게 하였는데, 곧 이신칭의이다. 이로써 그는 동시에 우리 주님을 죽은 자 가운데서 살리신 이를 믿는 우리에게 믿음의 조상이다(4:11,23-24). 하나님께서 인간의

---

[2] 이후에는 이스라엘을 다시 받아들임이 죽은 자의 부활과 같다고 말한다(11:15).

불신 가운데서도 예수님 안에서 자기와 예수님의 미쁘심을 보여 자기의 의와 예수님을 믿는 신자의 의를 확증하셨다면, 아브라함은 약속을 믿어 부활의 믿음으로 의롭다 함을 받아 하나님의 미쁘심에 영광을 돌렸다. 아브라함은 믿음으로 하나님께 영광을 돌림으로, 모든 죄인과는 달리 의롭다 함을 받아 하나님의 영광에 이르렀다(3:23 참조). 이렇게 4장은 1-3장의 상황을 일단 정리한다. 즉 이방인과 유대인에 대한 정죄를 통하여 이미 아브라함에게서 나타나신 하나님의 미쁘심과 아브라함이 개인과 우리의 모본으로서 지닌 의미를 보여준다. 복음의 내용인 예수님은 율법의 증거를 받아 하나님의 미쁘심을 증거한 하나님의 의이시다.

사도는 이제 한 산맥을 넘고 숨을 고른다. 말하자면 과거의 불신과 불의를 넘어 현재의 믿음과 의를 말한다. 1장과 2장의 불순종과 불신의 상황을 넘어 이방인과 유대인 출신 신자인 '우리'는 믿음으로 의롭다 함을 받았기 때문에 예수 그리스도로 말미암아 하나님과 화평을 누린다!(5:1) 이 말씀은 앞 4장들의 요약이다. 그런데 개역과 개역개정의 번역('화평을 누리자')과는 달리, 예수 그리스도 덕분에 우리는 현재 하나님과 화평을 누리고 있다. 사도는 곧장 다음 여정을 떠난다. 우리가 이제는 아브라함처럼 믿음으로 이 은혜에 들어갈 길을 얻었으니 하나님의 영광에 대한 소망을 자랑한다(5:2). 즉 로마 교인들의 믿음의 '현재'를 말하려고 한다. 이 소망에 대한 자랑은 바로 환난을 자랑함인데(5:3), 화목하게 하신 예수 그리스도로 말미암아 하나님을 자랑하기 때문이다(5:11). 하나님을 믿음에서 나온 이 소망은 성령께서 부으시는 하나님의 사랑 때문에 결코 부끄러움을 당하지 않는다(5:5). 곧 하나님은 자기 아드님을 죽이시는 화목으로 원수였던 우리를 향하신 자기의 사랑을 확증하셨다(5:8-10). 삼위일체론적이다! 그리스도를 부활시키신 성령(1:4)께서 이제는 우리에게 사랑을 부어 하나님의 영광을 소망하게 하신다. 우리는 이미 그리스도의 피로써 의롭다 함을 받았으니 그 분의 부활로 말미암아 하나님의 진노하심에서 구원을 받을 소망이 있다(4:25, 5:9-10). 사도는 아담과 그리스도를 비교하는 다음 단계에 나아가기 앞서 지금까지 말한 모든 내용을 정리한다. 믿음으로 의롭다 함을 받아 하나님과 화평을 누리는 우리는 이 그리스도로 말미암아 환난도 자랑하며 하나님을 자랑한다!(5:11)

　이 현재는 다시 장래와 연결된다. 하나님의 영광과

이 구원은 소망 중에 받았으나 종말론적 은사이고, 현재는 소망 중에 환난과 인내와 연단을 이루는 기간이다. 이로써 5장 초두는 8:18 이하와 연결된다.

생각하건대 현재의 고난은 장차 우리에게 나타날 영광과 비교할 수 없도다.

우리는 신실하신 하나님을 믿음으로 하나님을 자랑하며 현재의 고난을 인내하는 중에 장래의 영광을 소망한다(5:1-11).

3) 그리스도로 말미암는 새사람

5:12-21은 아담과 그리스도를 비교하고 죄와 의, 즉 은혜를 통한 의(칭의, 21절), 사망과 생명을 대비시키면서 6장에서 다룰 세례, 그리고 불의의 도구와 의의 도구의 대비를 준비한다. 한 사람 아담의 불순종으로 많은 사람이 죄인이 되고 심판과 정죄와 사망이 왕 노릇하였으나(5:14,17), 한 사람 예수 그리스도의 순종으로 하나님과 그리스도의 은혜와 선물이 넘쳐 많은 이들이 의인이 되고 생명 안에서 왕 노릇한다(5:17). 아담의 죄와 그 결과는 예수 그리스도의 은혜의 사역과 은사로 말미암아 더 이상

왕 노릇하지 못하고 이 은혜가 의로 말미암아 왕 노릇한다. 이 은혜와 은사는 그 결실을 받은 자들의 삶 가운데서 영광과 소망처럼 생명과 영생의 표적으로 나타날 것이고, 또 나타나야만 한다(5:21). 바울 사도는 이를 6장 이후부터 다룬다. 말하자면 예수님이 새사람을 만드신 구주이시고 동시에 새사람이고, 동시에 새사람의 원형이시다(8:29 참조). 예수님의 순종(5:19)은 모든 이방인 중에서도 믿어 순종하게 하는 원동력이고 원형이다(1:5, 16:26).

이제 우리는 더 이상 죄의 종노릇하거나 몸의 사욕(정욕)에 순종할 수 없다. 세례는 그리스도와 합하여 죄에 대해서는 죽어 몸의 사욕에 순종하지 말고 하나님과 의에 대해서는 살았음을 말한다(6:3-12). 이처럼 우리는 죄와 불의의 무기가 아니라 의의 무기로 우리 지체를 하나님께 드려야 한다(6:13). 이것은 12:1과 연결될 것이다. 우리가 전에는 율법 아래 있었으나 이제는 (그리스도의 사역과 세례로 인하여) 은혜 아래 있기 때문이다(6:14). 전에는 죄의 열매를 맺고 사망에 이르렀지만, 이제는 죄에서 해방되어 하나님의 종으로 성결의 열매를 맺고 영생에 이른다(6:15-23). 6장은 이처럼 이전과 지금을 대비시킨다. 그 분기점은 예수 그리스도이시고 그 분과 연합하는 세례이다. 세례가 그분의 십자가와 부활에 동참하는 것이라면, 죄의 종에서 해방되어 의의 종이 된 것은 전수받은 교훈의 본을 마음으로 순종하였기 때문이다(6:17-18). 전에는 지체를 부정과 불법에 내주어 불법에 이르렀듯이 이제는 지체를 의에게 종으로 내어주어 거룩함에 이르러야 한다(6:18). 교훈의 본(6:17)은 구원의 길이요, 하나님의 의이신 예수 그리스도에 관한 복음을 말한다. 곧 죄의 삯은 사망이고, 하나님의 선물은 그리스도 예수 안에 있는 영생이다(6:23, 8:6). 이로써 아담과 그리스도의 대비인 사망(1:32)과 생명을 다룸으로 현재 새생명으로 거룩함에 이르는 열매를 맺고 있으니 그 마지막은 영생이다(6:22). 이것은 다시 8장과 12장으로 연결될 것이다.

7장은 일종의 특강 형식을 취한다. 곧 현재의 삶 가운데서 율법의 역할과 의미를 다시 반추하면서 옛사람의 모습을 다룬다. 1:1-3:20에서는 옛사람이 흑암에서 빛이신 예수님을 향하여 나아가는 모습을 취한다면, 7장은 빛이신 예수 그리스도를 등불로 삼은 새사람의 빛으로 옛사람을 다시 비추어본다. 옛사람은 그리스도의 몸으로 말미암아 율법에 대해서는 죽임을 당하였고 율법에서 벗어났다(7:2,6). 물론 율법은 거룩하고 신령하며, 계명도 거룩하고 의로우며 선하며 생명에 이르게 한다(7:10,12). 그러나 육신이 연약하여 할 수 없었던 것을 그리스도께서 몸으로 율법을 굳게 세우시고 우리를 해방시켜 주셨다. 그럼에도 마음으로는 하나님의 법을, 육신으로는 죄의 법을 섬기는 구속 받은 인간의 투쟁의 모습을 고백한다(7:25).

옛사람은 한 마디로 육신을 따라 정욕을 위하여 사는 사람이다. 하나님께서 이방인들을 마음의 정욕대로 부정과 부끄러운 욕심에 내버려 두시고 상실한 마음대로 내버려 두셨다(1:24,26,28). 1:29-31까지 정욕과 욕심의 모습을 그리면서 다 사망에 해당한다는 점을 밝힌다(1:32). 이 사망은 죄와 정욕에 대한 심판이며, 아담의 후손이 처한 응분의 징벌이다. 우리가 육신에 있을 때에 율법으로 말미암는 죄의 정욕이 우리 지체 중에 역사하여 사망을 위하여 열매를 맺게 하였다(7:5). 이 모든 것이 다 그리스도로 말미암는 새사람의 입장에서 되새김질한 것이다.

4) 성령님 안에 있는 새사람의 고난과 영광

8장에서는 지금까지 말한 바, 특히 6장을 다시 요약하고 새로운 주제로 나아간다. 다시 사망과 생명, 육신과 영, 죄와 의를 대비한다. 예수님 안에 있는 생명의 성령의 법이 죄와 사망의 법에서 우리를 해방하였음을 다시 선언한다(8:2). 전제는 8:3-4이다. 곧 하나님께서는, 율법이 육신으로 말미암아 연약하여 할 수 없었던 것을, 자기 아들을 죄 있는 육신의 모양으로 보내어 죄를 정하시고 육신이 아니라 그 영을 따라 행하는 우리에게 율법의 요구가 이루어지게 하려 하셨다. 바울 사도는 이것을 12장부터 세세하게 설명한 것이다. 육신에 있는 자는 하나님을 기쁘시게 할 수 없다(8:8). 8장의 강조도 삼위일체 하나님의 사역이다. "예수님을 죽은 자 가운데서 살리신 이의 영이 너희 안에 거하시면 그리스도 예수님을 죽은 자 가운데서 살리신 이가 너희 안에 거하시는 그의 영으로 말미암아 너희 죽을 몸도 살리시리라."(8:11) 곧 몸은 죄로 인하여 죽은 것이나 영은 의로 말미암아 살아있고 장래에도 살리라(10절). 이것은 '이제'에 근거한 '장래' 소망이다. 이제(8:1) 그리스도 안에서 생명의 성령의 법으로 해방 받은 자에게 결코 정죄함이 없기 때문에 무서워하는 종의 영이 아니라 양자의 영을 받았고 하나님을 아바 아버지라 부른다. 이제는 성령께서 우리가 하나님의 자녀임을 증거하니, 그리스도와 함께 동등한 상속자로서 영광을 받기 위하여 고난도 함께 받아야 한다(8:15-17; 5:3-4, 6장 초두 참조). 고난은 육신대로 살지 않고 영으로 인도함을 받아 생명을 증거함이다(8:12-13). 5장 이후부터 언급한 환난과 고난을 통한 영광이다.

이미 예수님의 부활에 나타난 영광, 아브라함도 얻은 영광, 이 영광은 현재의 고난 중에 사는 자에게 약속되어 있다. 나아가 모든 피조물도 하나님의 자녀들의 영광의 자유를 소망한다(8:21). 우리의 구원은 온전하다. 즉 우리의 내면뿐만 아니라 육체성, 나아가 모든 피조물도 함께 구원받아야 한다! 피조물은 썩어짐에 종노릇한데서 해방을 고대한다(8:19-20). 그리고 성령의 첫 열매를 받은 우리까지도 양자 될 것 곧 몸의 속량을 기다린다(8:23). 이 말씀은 몸이 죄로 인하여 죽었고 영은 의로 말미암아 살아있다는 말씀(8:11)과 대비를 이루는 것 같지만, 사실 우리의 구원은 전체적이며, 우리의 소망은 몸의 속량이요 몸의 부활이다. 그래야 삼위일체 하나님께서 이미 이루신 온전한 구원은 완성될 것이다. 우리가 소망으로 구원을 얻었으니 참음으로 완성될 온전한 구원을 고대하여야 한다(8:24-25). 하나님과 우리의 과거와 현재와 미래가 다 언급된다.

과거에 오직 죄의 병기였고 의와 선(8:28)에는 무능력하였던 우리는 이제 그리스도 안에 나타난 하나님의 미쁘심과 의로 말미암아 믿음직한 의의 병기로서 하나님의 영광을 소망하면서 살되, 고난의 삶으로 우리의 믿음과 의를 드러내어야 한다. 부활의 영광을 이미 맛본 우리는 고난, 곧 우리 옛사람을 예수님의 십자가에 못 박아 우리 몸을 죄의 종이 아니라 의의 종으로 살아가는 고난의 삶을 살아야 한다. 그래서 우리는 피조물의 탄식과 성령님의 말할 수 없는 탄식 가운데 살고 있다(8:22,26). 사도는 아담에게서 유래한 죄와 불의와 그 마지막인 사망에도 불구하고 하나님께서는 미쁘시어 예수님 안에서 우리에게 사죄와 의와 생명을 주셨으니, 이제는 성령께서 부어주시는 하나님의 사랑으로 소망 중에 온전한 구원을 바랄 것을 권한다. 하나님께서 주도하셔서 우리를 살려주셨으니 이제 우리는 그리스도와 함께 영광을 받기 위하여 그리스도와 함께 고난도 받아야 한다고 권면한다. 현재의 고난은 장래의 영광과 비교할 수 없다는 위로의 말씀도 따른다. 이 현재의 고난을 구체적으로 설명하지는 않지만, 12장 이하에서 더 구체적으로 나온다. 이때에 성령께서 탄식으로 우리의 연약함을 돕고 우리를 위하여 친히 간구하심이 크나큰 위로이다(8:26-27). 그러면서 하나님께서는, 성령님이 우리의 연약을 도우시는 중에 우리가 고난 중에 성자의 형상을 본받게 하시려고 미리 정하시고 부르시고 의롭다 하시고 또한 '이미' 영화롭게 하셨다는 사실을 말한다(8:29-30). 하나님을 사랑하는 자 곧 그의 뜻대로 부르심을 입은 자들에게는 모든 것이 합력하여 선을 이룬다(8:28). 이것은 현재이다. 과거와 미래가 교차하면서 현재를 받쳐준다. 하나님은 산자들의 하나님이시기 때문이다.

5) 삼위 하나님의 미쁘심과 새사람

사도가 로마의 성도들을 견고케 해야 할 정도로 이들은 현재 사방으로 에워싸여 박해를 받고 있다.

> 누가 우리를 그리스도의 사랑에서 끊으리요? 환난이나 곤고나 박해나 기근이나 적신이나 위험이나 칼이랴?(8:35)

사망이나 생명이나 현재나 장래 일이나 그 어떤 것도 우리를 주 그리스도 예수님 안에 있는 하나님의 사랑에서 끊을 수 없다(8:31, 38-39). 택하시고 의롭다 하신 이는 하나님이시니 누구도 우리를 대적하거나 고발할 수 없으며, 우리를 위하여 죽고 부활하사 하나님의 우편에서 우리를 위하여 간구하시는 이는 그리스도 예수님이시니 누가 우리를 정죄하겠는가!(8:31,33-34) 다시 하나님의 미쁘심이 나온다. 하나님께서 자기 아들을 아끼지 않고 우리를 위하여 내어 주셨으니, 어찌 그 아들과 함께 모든 것을 우리에게 주시지 아니하겠는가?(8:32) 여기에 성령님이 구체적으로 언급되지 않지만, 성령께서 예수님과 함께 간구하고 계심을 분명하게 알 수 있다. 다시 8장 초두로 돌아가야 한다. 즉 예수님 안에 있는 우리에게 정죄가 없으니(8:1,3), 이는 하나님께서 아드님을 통하여 행하신 사역 전부 덕분에, 그리고 이를 성령께서 나눠주시니 정죄가 없다. 사도는 이 전체성을 8:28-29, 31-39까지 각기 다른 방식으로 표현한다. 이 예수님 안에서 만물이 통일되었다(엡 1:10). 8장은 앞의 1-7장을 다 받고, 9-11장과 12-16장의 초석을 이룬다. 우리는 육신이 아니라 영에 있는 그리스도의 사람으로서 생명과 평안을 받아 살아 있는 산 제물(12:1)인 새사람이다. 즉 새사람은 결코 자기 힘으로 살 수 없다. 오직 삼위 하나님의 미쁘심만이 우리를 건져주셨고, 현재를 유지하며 장래의 소망과 영생의 보증이시다.

제2장

하나님의 사랑의 선택의 역설과 새사람

로마서 9-11장

2장
하나님의 사랑과
선택의 역설과 새사람
(9-11장)

　　아무도 그리스도 예수님 안에 있는 자를 정죄할 수 없고, 어떤 것도 그리스도 안에 있는 하나님의 사랑에서 끊을 수 없다. 사도는 삼위일체 하나님의 구원 사역을 정리하다가 이제는 동족 유대인을 돌아보면서 그들의 구원을 열망한다. 그렇다 보니 9:1-5의 송영은 비장하기까지 하다. "내 자신이 저주를 받아 그리스도에게서 끊어질지라도 원하는 바로다."(9:3) 9:1-5과 11장의 결말은 하나님의 주권과 송영(頌榮)이다. 이 부분도 하나님의 미쁘심에서 시작하고(9:6) 마친다(11:29).

　　사도는 유대인(9:1-11:12)과 이방인(11:13-32)을 아울러 한 뿌리의 진액을 받는 새사람의 출현을 강조한 다음에 송영으로 마친다(11:33-36). 특히 이방인 출신 신자들이 유대인에게 가져야 하는 태도를 부각시킨다.[3] 이방인 신자들이 유대 율법을 지키도록 강요받은 갈라디아와는 달리 로마의 신자들은 회당과의 관계를 스스로 결정해야 하는 상황에 있었다. 이방인 출신 신자들이 율법 없이도 살 수 있다면, 유대 민족과의 관계는 끝이 났는가? 이스라엘은 하나님의 구속사역에서 여전히 자리를 갖고 있다. 9:6-11:12에서 사도는 이스라엘의 관점에서 역사를 개관한다. 하나님의 약속과 선택(9:6-13; 11:1-2), 하나님의 주권(9:14-29; 10:14-21), 그리고 그리스도의 위치(9:30-33; 10:2-13) 등이 중심 주제이다. 바울은 9:1-5과 그리고 두 삽입구 10:1과 11:13-14에서도 자기 동족을 향한 간절한 소원을 표방한다. 이런 간절함을 앞세운 다음에 사도는 11:15-32에서 이방인 출신 신자들에게 이스라엘을 신중하게 대할 것을 권면하고 경고한다. 이리하여 유대인과 이방인으로 구성되어 구원받을 '온 이스라엘'(11:26)이라는 새사람을 제시한다. 11:33-36은 이 모

---

[3] 그래서 사도는 스스로 자기 민족에 대한 태도를 말한다(9:1-5, 10:1-2,8, 11:1,13-14).

든 것을 담아 통합하는 송영이다.

　모든 사람이 범죄하여 하나님의 정죄를 받아 다 사망에 이르렀으니 여기에 이방인과 유대인의 차이가 없다. 그러나 그리스도를 믿는 모든 사람에게 하나님의 의가 미쳤으니 여기에도 유대인과 이방인의 차별이 없다. 다시 사도는 유대인이나 헬라인이나 다 모든 사람의 주가 되시는 한 분 주님 안에 차별이 없음을 강조한다(10:12). 그렇지만 사도가 볼 때, 동족 유대인의 역사와 소행은 차별을 자초하고 있다. 이스라엘은 믿음이 아니라 행위를 의지하였고(9:32), 다 복음을 순종하지 아니하였다(10:16). 그러나 차별로 죄인(유대인)은 하나님의 말씀을 폐할 수도 없으니(9:6), 하나님의 은사와 부르심에는 후회하심이 없기 때문이다(11:29). 이처럼 9장 초두와 11장 끝에도 하나님의 미쁘심을 언급하면서 9-11장 전부에서 하나님의 미쁘심을 주제로 삼는다. 이방인의 충만한 수가 들어오기까지 이스라엘의 얼마가 우둔함에 빠지는 신비(11:25)로써, 하나님께서 구원을 이방인에게 이르게 하여 이스라엘을 시기하게 하셨다(11:7,11). 이 시기하는 중에 구원은 행위가 아니라 은혜에 달렸음을 깨달았으며, 하나님께서 이방인에게 베푸신 긍휼로 그들도 긍휼을 얻게 하려

하신다. 온 이스라엘이 구원을 받을 그날까지 하나님을 따라 사도는 골육을 시기하게 하여 그들 중에서 얼마를 구원하려 한다(11:14).

사도는 신비를 선택의 관점에서도 설명한다. 이스라엘은 선택의 관점에서 보자면 조상들로 말미암아 사랑을 입은 자들인데(11:28), 오직 택하심을 받은 자만이 구원을 얻었다. 이 택하심에는 차별이 없고, 이스라엘 중에도 택하심을 받은 남은 자를 찾아 구원 얻게 하는 일을 사도는 계속할 것이다. 사도는 하나님의 선택과 구원 받음의 신비로운 관계를 해명하지만, 결국은 송영으로 마무리한다.

> 깊도다! 하나님의 지혜와 지식의 풍성함이여, 그분의 판단은 헤아리지 못할 것이며, 그분의 길은 찾지 못하리라!(11:33)

말씀을 폐하시지 않고 부르심을 후회하지 않으시는 미쁘신 하나님께 송영 이외에 어떤 변론이 맞설 수 있겠는가. 이 미쁘신 하나님은 온 이스라엘, 유대인과 이방인을 차별하지 않고 이방인과 유대인 가운데서 불러내신 한 새사람을 만드셨다.

1) 선택과 약속에 신실하신 하나님 (9:1-29)

유대인의 구원을 바라는 사도의 마음은 절절하게 울려 퍼진다.

난 그리스도 안에서 참말을 한다!(9:1 上)

그리스도만이 사도에게 기준이며 출발점이라는 아주 좋은 예가 되는 말씀이다. 이런 진술은 이미 그리스도 안에서 믿음직하게 의롭게 된 자만이 당당하게 외칠 수 있는 성령론적 사건이다. "내 양심이 성령님 안에서 나와 더불어 증언한다!"(9:1; 2:15 참조; 1절은 특히 8:16을 상기시킨다). 나아가 사도는 이스라엘을 향하신 하나님의 선택과 언약을 언급하면서 하나님을 찬양한다(9:3-5). 이 짧은 말씀은 로마서의 또 다른 요약이기도 하다. 즉 8장 후반부에서 말한 끊을 수 없는 하나님의 사랑이 유대인들에게도 여전히 유효하다는 말씀이다. 이방인이나 유대인이나 차별이 없다(3:22, 10:12).

사도는 자신이 저주를 받아 그리스도께로부터 끊어진다 하여도 골육의 친척의 구원을 위하여 기도한다. 모세의 모습과 유사하다(출 32:32). 이것은 아주 강한 표현이다. 앞서 그는 어떤 것도 예수님 안에 있는 하나님의 사랑에서 끊을 수 없다고 선포했기 때문이다(8:39; 35!). 하나님의 미쁘심으로 구원받아 이방인의 사도가 된 저자는 하나님의 미쁘심을 의뢰하면서 동족의 구원을 위하여 하나님과 논쟁하고 동시에 하나님을 변증한다. 믿음직한, 미쁜 의인인 성도는 이처럼 항상 하나님의 미쁘심과 의를 의지하면서 하나님과 씨름할 수 있고, 싸움해야 한다. 그럴 때에야 비로소 진정한 믿음과 신뢰를 증거할 수 있다.[4]

사도는 이스라엘의 정체성을 역사로부터 요약 정리한다. 그 마침과 완성은 그리스도이시다. 이스라엘에게서 양자됨, 영광, 언약들, 율법 세움과 예배와 약속, 조상과 마지막으로 그리스도께서 나오셨다(9:4). "하나님의 말씀이 효력을 잃은 것은 아니다!"(9:6) 아주 강한 선언이다. 그러나 혈육이 아니라 믿음이 하나님의 이스라엘을 형성하며, 약속의 말씀(9)이 백성을 구성한다. 애초부터 혈육이 아니라(9:6) 약속의 자녀(9:8)만이 씨로 여김을 받았다. 하나님께서는 아브라함 부부가 잉태와 출산 자

---

[4] "주 여호와는 나의 힘이시라. 나의 발을 사슴과 같게 하사 나의 높은 곳으로 다니게 하시리로다"(합 3:19)

체가 불가능한 상태에서 창조의 말씀으로 한 씨와 백성을 창조하셨다(4:17-21). 이삭이고 또 야곱이다. 여러 여인 중에서 사라에게서 난 이삭(9:9)과 그리고 같은 어머니에게서 난 야곱이 약속의 자녀이다(9:7-8). 야곱의 특권 역시 혈육으로서 이삭의 아들이 아니라 하나님께서 야곱에 대해서 하신 말씀에서 유래한다(9:11). 곧 말씀과 약속을 받고 언약과 언약의 하나님의 영접을 받은 자만이 이스라엘에 속한다. 따라서 이방인 출신 신자들도 출생과는 무관하게 부름을 받았다. 이것은 결단코 그들의 자격이나 공로에 근거하지 않는다.[5]

사도는 리브가에게서 난 에서와 야곱을 향한 하나님의 약속을 언급한 다음 곧장 말라기 1:2-3을 인용한다. "내가 야곱은 사랑하고 에서는 미워하였다." 하나님은 사랑하시기 때문에 야곱과 후손인 이스라엘을 택하시고, 미워하셔서 에서와 후손인 에돔을 (택하지 않고) 버리셨다. 택하심을 따라 되는 하나님의 뜻은 행위가 아니라 오직 부르시는 이로 인하여 서게 하신다(9:11). 사도는 여기에

---

[5] 영원 선택으로 쉽게 보지 말라. 다만 각자의 위치를 시간계 안에서 소명과 더불어 말할 뿐이다.

서 아주 구체적인 역사를 예로 들어 하나님의 선택을 보여준다. 이스라엘과 에돔 두 나라는 다 느부갓네살 왕의 등장으로 하나님의 벌을 받았으나, 당시 이스라엘은 포로에서 귀환한 반면, 에돔은 파괴되었다. 역시 하나님의 약속과 말씀이 구체적으로 서 있음을 보여준다. 후손들의 행위가 아니라 약속에 신실하신 하나님의 자기 믿음과 의의 논증이다!(3:22,25-26) 야곱의 출생 시부터 그리고 광야 생활 이후 에돔은 하나님의 말씀을 거부했고 이스라엘의 대적이었다. 따라서 하나님의 진노의 대상이었다.

"그런즉 우리가 무슨 말을 하리요?"(9:14) 아브라함의 씨인 이삭이나, 선악을 행하기 전에 택하심을 받은 야곱도 이미 죄인이다. 이 점에서 이후에 언급될 바로도 진노의 그릇과 다를 바가 없다. 모두가 다 하나님의 말씀을 들었는데, 사람의 원함이나 달음박질이 아니라 긍휼을 베푸시는 하나님께서 그 뜻을 따라 택하시며, 완악하게 하시고자 하는 자를 완악하게 하신다(9:15-18). 바로의 역사도 마찬가지이다. 하나님께서는 바로를 먼저 위협하지 않으셨다. 하나님께서는 긍휼의 하나님이시다. "긍휼과 불쌍히 여기시는 하나님이시다(9:15). 하나님께서는 언약 백성이 탄압받는 것을 보시고 긍휼로 그들을 풀어

주라고 하셨다. 하나님의 태도인 긍휼과 이 긍휼에 대한 인간의 자세가 나타난다. 양자는 다 하나님의 뜻에서 나오지만, 대등하지는 않다. 즉 긍휼과 완악은 대등하지 않다. 완악은 (긍휼에 대한) 저항의 자세에서 나온다. 긍휼을 입은 자도 공로 때문에 긍휼을 입지는 않으며, 자기 뜻으로 저항하는 자 또한 이 행동으로 스스로 완악하여지고 갇힌 자가 된다. 항상 긍휼이 앞선다. 은혜와 긍휼이 없는 곳에는 완악도 없다. 하나님의 운동 방향은 긍휼이다. 이 방향이 에서와 야곱, 바로와 언약 백성의 위치를 정한다. 하나님께서는 사람의 저항에도 불구하고 자기의 긍휼을 일관되게 추진하신다. 이스라엘의 일부가 그리스도를 거부하여도 하나님께서는 포기하시지 않는다. 그리스도를 믿음으로 구원 받는다는 진리는 유대인에게 먼저, 그리고 이방인에게로 향한다(1:16).

하나님께서는 반역과 불만 그리고 저항에 대해서 진노하신다. 당분간 그 대상을 살려두시는 이유는 자기의 능력과 이름을 알리시기 위함이다(9:16). 반면에 영광 받기로 한 긍휼의 그릇에게는 하나님의 영광의 풍성함을 알게 하신다(9:22-23). 진노는 파멸에 앞서며, 긍휼 역시 영광에 앞선다. 전자는 인간의 책임을, 후자는 하나님의 주권을 보여준다. 즉 반역으로 진노를 불러일으키는 그릇은 거부와 완악으로 파멸을 불러오고, 영광에 예정된 그릇은 긍휼 때문에 영광에 이른다. 그러나 바로처럼 거부하면서도 하나님을 비난하는 자에게 긍휼을 베푸시지는 않는다.

이 긍휼의 그릇은 유대인과 이방인 중에서 부름을 받은 '우리'이다(9:24). 하나님께서 만민 중에서 이들을 부르시며, 이 부르심에는 후회가 없다(11:29). 이 부르심의 은사에는 차별이 없고 이스라엘의 역사에서도 보듯 이 부르시는 이의 뜻만이 설 뿐이다. 이삭과 야곱처럼 교회도 이 이스라엘 위에서 영광을 받는다. 그 이면의 진실은 이 약속과 복음을 거부한 이스라엘이 진노를 받는 것이다. 남은 자 사상(9:27-29)은 9:6 이하의 정리이기도 하다. 동시에 하나님의 말씀이 무력화되지 않았다는 증거이니, 이제는 이방인과 이스라엘 중에서도 신자가 나온다.

사도는 다시 믿음에서 난 의를 말한다. 율법의 의를 따르지 아니한 이방인은 믿음으로 의를 얻었으나, 의의 법을 따라간 이스라엘은 율법의 마지막에 이르지 못하였다(9:30-31). 이스라엘이 믿음이 아니라 행위를 의지하여 걸림돌에 부딪혔다(9:32). 믿음 없이 율법의 의를 추구하는 것은 헛수고이다. 하나님의 미쁘심과 의에는 그분의 의이신 율법의 마침을 믿음직하게(변함없이) 인정하는 믿음만이 의롭게 만든다. 그렇지 아니하면 하나님의 미쁘심과 의가 오히려 걸림돌이 된다. 이렇게 이스라엘은 행위를 의지하고 믿지 아니하여 부끄러움을 당하고 말았다.

2) 율법의 완성 그리스도(9:30-10:13)

사도는 동족의 구원을 애절하게 간구하면서 육신의 자손이 아니라 약속의 자녀만이 하나님의 자녀임을 밝혔다(9:8). 그래서 하나님께서 자기 백성이 아닌 자를 자기 백성이라 부르시고 그들이 하나님의 아들이라 불리는 것도 약속에 신실하신 하나님의 선택하시는 뜻을 이룬다(9:25-26). 그리고 이런 약속을 담은 율법은 행함이 아니라 믿음으로 그 마지막에 이른다고 정리한다. 율법이 담고 있는 약속은 행함으로가 아니라 믿음으로 의롭게 된다는 약속이다. 그런데도 율법을 받은 이스라엘은 이것을 알지 못하고 구원에 이르지 못하고 오직 남은 자만 구원을 받았다. 사도는 이 안타까운 현상을 보면서 "우리가 무슨 말을 하리요?"로 자기의 간절함을 표현한다(9:30). 이방인들은 하나님 앞에서 의로워지려고 하지도 않았고, 반면에 유대인들은 애를 썼지 않았는가? 그런데도 많은 이방인들은 소명을 받고, 유대인들은 불신에 빠진 이유가 무엇인가?

그리스도께서 이방인에게 새로운 의를 여시었듯, 동일하게 유대인에게도 여셨다. 그러나 유대인에게 그리스도는 걸림돌이 되셨다. 이 관점에서 9:31-32를 읽어야 한다.

> 의의 법을 따라간 이스라엘은 율법에 이르지 못하였으니, 어찌 그러하냐? 이는 그들이 믿음을 의지하지 않고 행위를 의지함이라 부딪칠 돌에 부딪쳤느니라.

즉 무시간적인 유대교 평가가 아니라, 편지를 작성할 당시의 유대교의 모습을 말한다. 즉 항상 율법의 행위로 의롭다 함을 인정받으려는 율법주의가 아니라, 많은 이들이 초청을 받는 시점에 그리스도를 거부하고 불신앙에 머물고 있다는 지적이다. 의의 법을 따르던 유대인들은 그리스도께 도달하고는 걸려 넘어졌다.[6] 그러나 이

---

[6] 9:32의 '부딪힐 돌'과 9:33의 '걸림돌'의 원어는 같다. 이 단어는 베드로전서 2:8에서 9장과 같은 의미로 쓰인다. 반대어는 '모퉁이 돌'(벧전 2:6,7)이다.

것이 저들의 영원 멸망의 원인은 아니다.

불신자가 넘어지는 것은 죄의 결과이며, 이 죄는 다름이 아니라 그리스도를 믿지 않고 걸려 넘어짐이다. 그러나 신자들은 믿어 그리스도께서 그들의 의가 되신다(롬 9:30). 이스라엘이 따랐던 의의 법이 지향하는 하나님의 의가 예수님이시다. 이스라엘은 믿음이 아니라 행위로부터 나오는 의를 얻으려 했기 때문에 그 그리스도가 걸림돌이 된다(30-32). 유대인들은 왕관이 아니라 십자가로 의를 이루신 그분을 율법의 이름으로 정죄하였다. 결국 시온의 구원의 돌이 걸림돌과 거치는 바위가 되고 말았다(33; 사 28:16 인용). 이렇게 그리스도를 거부한 자들의 대표적인 경우가 동족 이스라엘이다. 이방인을 제물로 드리려는 사도(15:16)는 동일하게 열심히 동족의 구원을 열망한다.

유대민족의 복음 거부는 복음의 권위와 진위에 타격을 주지 않는가? 이 역시 중요한 질문이다. 유대민족은 하나님을 향한 열심을 가졌다(10:2). 다만 그들에게는 지식이 부족하였다. 비느하스(민 25:11,13)와 엘리야가 가졌던 하나님을 향한 열심(왕상 19:10,14)을 이스라엘은 율법을 향한 열심으로 바꾸었다. 그런데 그들은 그 율법이 지시하고 있는 마지막은 알지 못했다. 율법의 마침은 예수 그리스도이시다(10:4). "왜냐하면 저들은 하나님의 의를 알지 못하고 자기 의를 세우려고 구하면서 하나님의 의에 복종하지 않았기 때문이다."(10:2) 이런 불순종은 단지 무지의 소산이 아니라 적극적인 저항과 거부의 표현이다. 이것은 바울 사도 자신의 모습이었다(빌 3:6; 행 22:3). 이 모습은 또한 그리스도 밖에 있는 모든 이들의 모습이기도 하다. 따라서 1:21의 무지와 일치한다.[7]

> 하나님을 알되 하나님을 영화롭게도 아니하며 감사하지도 아니하고 오히려 그 생각이 허망하여지며 미련한 마음이 어두워졌나니

여기에 무지로 불순종하는 옛사람의 전형적인 모습이 드러난다. 그런데 이런 상황은 예수님을 처형한 당대의 유대교에 대한 평가이지만, 바울의 관심은 유대교가 아니라 그리스도이다.

---

[7] 계시만이 이런 무지를 깨뜨릴 수 있다. 가령 아나니아가 바울에게 한 말에서 잘 알 수 있다. "하나님께서 너를 택하여 네가 자기 뜻을 알게 하시며 그 의인을 보게 하시고 그 입에서 나오는 말씀을 듣게 하셨으니, 네가 보고 들은 것에 증인이 되리라."(행 22:14)

유대교는 복음서에 기록된 대로 예수님과 계속 갈등하고 결국은 처형했다. 근거는 율법이었고, 의의 완성이신 그리스도를 거부하고 자기 의를 고집하였다. 그리하여 예수님 안에 나타난 하나님의 법과 권리를 훼손하였다. 결국 지식이 부족하여 구원과 생명의 근원을 버리고 방황하는 나그네가 되고 만다. 그리스도께서 율법의 완성이시니 의는 행위로 쟁취하지 않고 믿음으로 얻는다(9:32). 기실 예수님께서도 행위가 아니라 믿음을 요구하셨다(막 5:34 등). 율법을 바로 안다면 이처럼 율법은 생명으로 인도하는 길이다(10:5). 율법을 행위가 아니라 믿음으로 행하는 자는 율법이 약속한 메시아를 대망할 수밖에 없다.

출애굽의 구원을 이루신 하나님께서는 율법으로 언약 백성 중에 임재하신다(신 30:11-14). 이 율법이 가까이 있는 말씀이다. 율법을 행함은 하나님께서 주시려고 약속하시고 베푸시는 생명에 이르게 한다(레 18:5). 성격상 율법은 이미 복음이다. 백성이 말씀을 듣고 믿으면 이 생명을 얻는다. 율법으로 가까이 오셨듯, 이처럼 아드님 안에서 가까이 오신 아버님이시다. 율법의 말씀에 대해서도 말씀하시는 이를 믿어야 하듯, 복음의 임재도 믿어야 한다. 행위가 아니라 믿음만이 남는다!

아브라함을 부르신 후부터, 율법을 주신 이후에도 이 믿음과 구원의 길에는 변함이 없고, 성령 강림 이후 더욱 더 분명하여졌다. 사도는 믿음의 내용을 다시 한 번 더 요약한다. 율법의 행위가 아니라 예수님을 주님으로 시인(고백)하고 하나님께서 그분을 다시 살리신 것을 믿으면 구원을 받는다!(10:9). 율법을 의지하고 행하려는 자는 부끄러움을 당하지만(9:33), 율법의 마침인 그분을 믿는 자는 부끄러움을 당하지 아니한다(10:11). 그분을 믿는 믿음에는 유대인이나 이방인이나 차별이 없다(10:12). 새 사람만이 있을 뿐이라는 말씀이다. "주의 이름을 부르는 자는 구원을 얻으리라."(10:13; 욜 3:32을 인용; 행 2:21!) 즉 입으로 예수님을 주님으로 시인하고, 하나님께서 그분을 살리신 사실을 마음으로 믿으면 구원을 얻는다!(10:10) 그리고 구원은 우리를 앞서서 불러주신 주님의 이름을 부르는 응답으로 받는다(10:13). 결국 율법으로 말미암는 의를 행하는 자는 그 행위 자체가 아니라 율법의 완성이신 그리스도의 부활을 믿어 구원을 얻는다.

여기에 전파의 역할과 의미가 있다. 믿는 자만이 그

를 부르신 이에게 응답할 수 있다. 믿으려면 부름을 들어야 하며, 전파하는 이가 있어야 들을 수 있다(10:14). 사도는 그리스도께서 완성하신 율법이 아니라 그리스도의 좋은 소식을 전하는 자들의 파송과 그들의 아름다운 발길을 말한다(10:15). 미쁘심과 의에서 하나님께서 먼저 앞서시듯, 하나님께서 전도자를 파송하시면 파송 받은 자가 복음을 전하고 그것을 들은 자가 믿고 부름에 응답한다.

3) 긍휼에 응답하라!

그렇지만 만인이 다 복음을 순종하지 않았고, 전한 바를 믿지 않았다(10:16; 사 53:1 인용). 순종은 들음, 곧 전한 바 약속과 복음을 들음이며, 이는 다시 믿음과 밀접하게 연관하고 있다. 그러나 복음을 듣고도 다 믿지 아니한다. 과거에도 그랬고 이 편지를 받을 당시에도 그랬다. 따라서 혈육으로 이스라엘 출신인 메시야를 믿는 이방인들은 유대인의 불신앙에 적지 않게 놀랐을 것이다. 유대인의 불신앙이 메시야를 고난과 십자가로 몰아갔다. 게다가 성령님이 강림하신 후에도 유대인들은 예수님을 핍박하고 있다(행 9:4 참조).

사도는 만인에게 차별없이 해당하는 유일한 구원의

길은 믿음이며, 이 믿음은 들음에서 나며, 들음은 그리스도의 말씀을 들음임을 다시 한 번 더 정리한다(10:17). 사도행전 1:8의 약속과 명령처럼, 사도와 전도자들은 팔레스타인 지역을 벗어나서도 먼저 유대인들의 회당에서 복음을 선포하였다. 이스라엘이 듣고 믿음에 이르도록 땅끝까지 선포하였다(10:18).

그러나 그 반응은 어땠는가? 유대인들은 신실하신 하나님의 긍휼에 응답하지 않았다. 이렇게 된 것은 이미 모세에게 하신 말씀의 성취이다. "내가 백성 아닌 자로써 너희를 시기하게 하며, 미련한 백성 연고로 노엽게 하리라."(10:19; 신 32:21 인용) 이 미련한 백성은 미련한 마음을 가진 어리석은 이방인이다(1:21,31). 즉 이스라엘은 이방인이 언젠가는 이 약속에 동참하리라는 것을 알고 있었다. 사실 하나님께서는 자기를 구하지 않는 자들이 자기를 찾을 것이며, 자기를 청하지 않는 자들이 자기를 볼 것이라고 이미 말씀하셨다(20절; 사 65:1). 그러나 스스로 순종하지 않는 백성임에도 불구하고 하나님께서 그들에게 계속 손을 내어 밀고 계신다는 말씀도 이스라엘이 들었다(21절; 사 65:2).

4) 하나님의 약속을 받는 백성은 항상 있다(11:1-12)

하나님의 사랑을 받은 백성이 오히려 하나님을 격노하게 만든 백성이 되고 말았다. 결국 다른 이들이 앞서 가고 이스라엘은 뒤에 따라가는 일이 벌어지고 말았다. 그럼에도 하나님께서는 이스라엘을 포기하지 않으신다고 말한다. 이처럼 하나님께서는 자기 백성을 버리시지 않았다. 9:6 이하에서 말한 대로, 하나님께서는 스스로 하신 약속을 깨지 않으신다. 약속에는 항상 믿음을 가진 남은 자들이 있으며, 그 약속을 받은 백성은 건재하시다고 선포한다. 하나님께서는 미리 아신 자기 백성을 버리지 아니하셨다(11:2). 사도는 엘리야의 예를 들면서, "지금도 은혜로 택하심을 따라 남은 자가 있다."(11:5; 9:27 참조)고 단언한다. 이처럼 하나님께서 언약의 백성을 버리시지는 않았으나 언약 백성들 중에서도 구원 받는 자는 많지 않으며 남은 자들도 오직 선택과 은혜로 구원 받는다.

편지의 수신자들인 로마 교중(敎衆)[8] 가운데 소수의 유대인 출신 신자들이 있으며, 이 소수가 하나님의 신실하심을 대변한다. 불신앙이 아니라 이런 남은 소수가 기

---

8 congregation, '신앙의 무리'라는 뜻의 저자 특유의 어휘 – 편집자 밝힘

적이다. 그리고 이 소수는 자투리가 아니라 하나님께서 은혜로 지은 피조물들이다!(11:6) 땅끝까지 복음을 전파하게 하시는 의도도 있지만, 예수님이나 스데반이 용서를 간구하듯, 하나님께서는 불신앙을 대항하여 자기의 약속을 사수하신다.

하나님의 이런 사역에서는 율법의 소유가 아니라 그리스도의 은혜가 결정적이다. 사도는 앞에서 행위와 믿음을, 이번에는 행위와 은혜를 대비시킨다(11:6). 그러나 이스라엘이 구하는 바를 얻지 못하고, 소수만 택함을 입고, 나머지는 우둔하여졌다(11:7). 바울의 삶 자체가 증거이다. 자신은 택하심을 얻었다. 11:8-10에서는 구약을 인용함으로 이를 증명한다. 즉 모세부터 다윗의 시대까지 택하심을 받은 소수 외에 다수에게는 불순종과 우둔함이 지배했다(신 29:1-4; 시 69:22-23, 35:8).

그러나 바울은 다윗의 간구(그들의 눈은 흐려 보지 못하고, 등은 항상 굽게 하옵소서, 11:10)가 아니라 자기 백성을 향한 기도를 간절하게 드린다(9:1-5, 10:1). 외모를 취하시지 않으시는 하나님이시니까, 메시야를 거부한 이스라엘임에도 불구하고 그들을 포기하지 않으신다.

그래서 사도는 이스라엘이 넘어졌으나 실족하지는 않았다고 단언한다.[9] 다만 이스라엘의 넘어짐으로 구원이 이방인에게 이르렀고, 결국 이스라엘은 시기할 수밖에 없다(11). 하나님께서 모세에게 미리 말씀하셨던 시기(10:19)가 현실적으로 나타났다. 그들의 넘어짐이 세상의 풍요함이 되며 그들의 실패가 이방인의 풍성함이 되었다(11:12). 유대인들은 의도하지도 않고 의식하지도 못한 채로 이방인들에게 구원의 문을 열어주었다. 이방인의 쇄도는 유대인을 대치하기 위해서라기보다, 그들을 시기하게 함이다. 이스라엘의 넘어짐이 이렇게 이방인의 풍성함이 된다면, 하물며 이스라엘의 충만함은 어떠하겠는가? 이스라엘의 풍성함은 넘어짐이나 실패를 걷어내고 그리스도를 메시야로 영접함에 있다. 즉 하나님의 긍휼에 다시 응답하는 길밖에 없다. 그때의 풍성함은 이루 말할 수 없다.

하나님께서 부르심에는 일관성이 있다. 아브라함을 부를 때에도 경건치 않은 자를 의롭다 하시는 이를

---

[9] '실족'은 '걸림돌'(9:32,33)과 연관된다. 예수님을 거부했기 때문에 비틀거리고 넘어진다.

믿는 자에게 그의 믿음을 의로 여기셨다(4:5). 이삭과 야곱도 그러하였고, 이방인들을 부를 때에도 마찬가지였다. 따라서 이방인 출신 성도는 이런 이스라엘을 기억해야 한다.

5) 이방인 출신 신자는 이스라엘을 기억하라!

하나님의 백성은 애초부터 혈연이 아니라 약속으로 배태되었다(9:6-13). 율법이 규정한 하나님의 긍휼(9:14-29; 10:14-21)의 중심은 그리스도이시다(9:30-10:13). 다시 약속을 거론하면서 약속이 항상 건재함을 재확인한다(11:1-12). 이스라엘의 불신앙은 언약의 역사에서 볼 때 그리 이상하지 않다. 다시 약속의 빛에서 보자면 이스라엘의 마지막이 확정된 것도 아니다.

사도는 이스라엘의 이전과 현재의 역사가 이방인 출신 신자의 역사가 될 수도 있다는 것을 경고한다. 자신은 이방인의 사도로서 직분의 영광을 누린다(11:13). 사도는 하나님께서 백성 아닌 자들을 통해 이스라엘에게 이전에 시기하게 하셨듯이, 자신도 이방인의 사도 직분으로 이방인을 구원에 부름으로 골육을 시기하게 하여 그들 중 얼마를 구원하려 함이다(14). 이스라엘을 버리심이 놀랍게도 세상(이방인)의 화목을 이루었는데, 하물며 이제 그들을 다시 수용함은 더 놀랍게도 부활과 같다(10:15; 4:17 참조!). 이스라엘을 대표하는 산헤드린의 결정으로 예수님이 화목(5:11)이 되셨고 이스라엘은 버린바 되었지만, 이제는 이스라엘이 복음을 듣고 시기하면서 믿고 돌아올 것은 마치 부활과 같다. 예수님 당시와 오순절 이후에 이 편지를 작성할 당시의 유대인의 형편을 다 말한다. 포기와 수용은 하나님의 행위이며, 이것은 결정적 행위가 아니라 당사자에 대한 태도를 표현한다. 복음으로 이방인에게 향하시면서 이스라엘을 제쳐두셨지만, 이방인의 회개가 이스라엘을 시기나게 하여 이제 하나님께서 그 백성을 다시 용납하심으로 구원으로 인도하실 것이다. 오순절에 온 이스라엘이 회개하지 않았기 때문에 복음은 이방인 중에서 열매를 더 많이 맺는다. 그러나 방향은 다시 이스라엘에게로 향하여 열매를 맺을 것이다.

그러면서 이방인 신자들을 향하여 경고하고 유대인에 대한 관심을 환기시킨다. 떡이 거룩한 것은 재료인 곡식이 거룩하기 때문이고, 가지가 거룩한 것은 뿌리가 거룩하기 때문이다(11:16). 이방인은 떡이나 가지에 해당한다. 곡식과 뿌리는 이스라엘이다. 이방인 신자는 말하자면 돌감람나무 가지로서 원 가지가 얼마 꺾인 참감람나무에 접붙여져 그 진액을 받아 먹는다(11:17). 하나님께서 새 나무를 심고 새 뿌리가 나게 하지 않으셨다. 비록 이스라엘의 얼마가 믿지 않아 뿌리에서 부러지고 이방인은 믿어 접붙임을 받았지만, 믿음이 아니면 이방인 출신도 버림을 받을 수 있다. 그러니 그 부러진 가지들을 향하여 자랑하지 말아야 한다. 이방인 출신 신자는 구약 역사의 어깨 위에 동승하였다. 이를 망각하면 자만에 빠지기 때문에 오히려 두려워해야 한다(18-20).

하나님께서는 접붙임을 반복하실 수 있다(11:21). 넘어지는 자에게는 하나님의 준엄하심이 있고, 하나님의 인자하심에 머물러 믿는 자에게는 하나님의 인자하심이 있다(11:22). 이스라엘이 불신앙에 머물지 아니하면 하나님께서 그들을 다시 뿌리에 접붙이실 것이다(11:23). 오직 뿌리의 영양에만 의지해야 하니, 이방인이든 유대인이든 믿음으로만 하나님의 한 백성으로 머물 수 있다. 원 가지인 이들이 자기 감람나무에 접붙임을 받은 것이 돌감람나무 가지인 이방인들보다 훨씬 더 쉽다!(11:24) 이것은 쌍방을 향한 경고이다.

이방인들은 신비를 알아야 한다(11:25). 이스라엘은 알지 못했다(10:3). 하나님께서 죽은 자를 살리고 없는 것을 불러오시는 능력을 가지고 계신다(4:17). 그래서 남은 자를 살리시듯 불러 구원에 이르게 하신다(11:15). 동시에 이 하나님은 긍휼을 베푸신다. 이 주제를 다시 다룬다. 능력과 긍휼을 알지 못하면 제멋대로 생각하고 산다(25). 그렇지 않으려면 신비를 알아야 한다. 이 신비는 11:33 이하에서 송영으로도 나온다.

이 신비는 무엇인가? 이스라엘이 강퍅하여서 점차 빈약하여지다가 이방인이 들어오면서 반대로 충만하여진다. 이방인이 이스라엘로 편입되었다! 메시야의 민족인 이스라엘 안에서 빈약과 충만이 일어난다. 이방인의 충만한 수가 들어올 때까지 이스라엘의 더러는 우둔하게 된다. 그래서 이스라엘이 완전하여진다. 믿음의 이방인이 아브라함의 후예이며, 이들이 이스라엘에 들어와 이스라엘은 '온 이스라엘'이 된다. 믿는 이방인들은 이스라엘의 일부이며, 따라서 자고하지 말아야 한다.

11:26은 이사야 59:20-21과 29:9 이하를 인용한다. 오순절 이후 야곱에게 임할 구원을 말한다. 이스라엘의

실패로 이스라엘에 접붙임을 받은 신자들은 이스라엘을 잊지 말아야 한다. 다시 이스라엘의 특권을 언급한다(9장을 연상시킨다). 조상들로 말미암아 하나님의 택하심과 사랑을 입은 그들이 지금 완악하여도 하나님의 언약은 굳게 서있다(11:27-28). 이처럼 하나님의 은사와 소명에는 후회가 없다!(29). 이는 원리이다. 항상 이 은사와 소명으로부터 모든 불신자들에게 호소할 수 있다. 바울은 이방인 선교를 정당화하면서 동족을 시기하게 하여 얻으려고 한다.

가장 큰 징벌은 불신앙에 방치 당하는 것이다. 하나님께서는 이방인의 불신앙 이후 이제는 이스라엘을 불신앙에 방치하신다. 그러나 방치되었던 이방인이 긍휼을 입었듯, 방치중인 이스라엘에게도 긍휼을 주실 것이다(11:30-31). 하나님께서 그들을 불순종 가운데 처하게 하심은 모든 사람에게 긍휼을 베푸시기 위함이다(11:32). 이방인 신자들은 자기 신분을 항상 이스라엘과의 관계 속에서 규정하여야 한다. 이방인의 충만한 수가 들어오는 것은 이스라엘을 대치하기 위해서가 아니라, 그들을 시기하게 하여 구원을 얻게 하심이다. 이렇게 하나님께서는 한 새사람을 만드셨다.

6) 송영

사도는 대장정을 송영으로 마친다. 동족의 구원을 향한 간곡한 소원과 이방인 출신 신자들을 향한 경고를 하나님의 뜻과 선택의 관점에서 설명하였지만, 하나님의 지혜와 지식의 풍성함은 이루 말할 수 없고 그분의 판단은 헤아릴 수 없으며, 그분의 길을 인간으로서는 찾을 수가 없다(11:33-34). 어느 인간이 주님께 먼저 드려서 그 대가를 돌려달라고 요구할 수 있겠는가(11:35)? 유대인이나 이방인은 다 죄 아래 있기 때문에(3:9), 죄 외에는 하나님께 드릴 것이 없다. 오직 하나님으로부터 받아야 한다. 이것을 이스라엘이 먼저 받았고, 이방인도 이스라엘에게서 나오신 그리스도로 말미암아 믿음으로 사죄를 받고 의인이 되었다. 왜 이방인 출신이 이렇게 구원을 얻은 반면에, 이스라엘의 얼마는 시기하고 완악하여졌는가? 모든 사람에게 긍휼을 베푸시기 위함이다. 그런데 긍휼을 베푸시는 이 신비를 해명할 길이 없다. 누구도 빚쟁이가 되어 하나님께 갚으라고 독촉할 수 없다! 이 말씀은 인간의 어떤 공로도 배제하며, 오직 은혜로 받아 믿음으로 구원을 얻는다는 것을 가르친다. 이 말씀만 안다면 교회역사에서 등장한 과거와 현재의 수많은 오류를 바로 잡을 수 있을 것이다. 그러니 만물이 주에게서 나오고 주로 말미암고 주께로 돌아간다는 송영으로 마칠 수밖에 없다(11:36). 그럼에도 이것은 이른바 반지성주의를 조장하지는 않는다. 비록 사도는 하나님의 판단을 헤아리지 못하지만, 이런 송영 중에 하나님의 선하시고 기뻐하시고 온전하신 뜻을 분별하여 새사람이 미쁘게 일상에서 삼위일체 하나님께 영광 돌려야 하는 송영의 삶을 구체적으로 제시한다.

제3장
하나님께 미쁜 새사람이 되라!

로마서 12-16장

3장
하나님께 미쁜 새사람이 되라!
(12-16장)

    삼위일체 하나님의 미쁘심과 의로 인하여 영적으로 내면만 새로워진 새사람뿐만 아니라 새로운 공동체인 새사람도 창조되었다. 새사람은 새로운 공동체 안팎에서 미쁨과 의를 실천하여 삼위일체 하나님을 드러내어야 한다. 우리는 하나님의 미쁘심이신 예수님의 미쁘심을 성령님의 미쁘심으로 받아 죄에 대해서는 죽고 의에 대해서는 산[生] 제물이 된다. 12장 이하에서는 이런 새사람이 교회 안과 밖에서 구체적으로 살아가야 하는 모습을 권면한다.

    우리는 하나님께서 각 사람에게 나누어 주신 믿음의 분량대로 지혜롭게 생각해야 한다. 12장 전반부는 새로운 공동체인 교회 안에서 행할 바를 분명하고 간략하게 말하고, 후반부는 새로운 공동체를 박해하는 이웃에게 선으로 대하라고 권고한다. 이의 연장선에서 13장 전반부는 정치권력에 대한 순종을, 중반부는 십계명의 2부를 완성하는 사랑을, 후반부는 단정한 삶을 권고한다. 14장은 믿음이 강한 자가 약한 자를 주 안에서 받으라고 여러 말로 권한다. 사도는 15장에서 로마 교회 안의 일치로 이방인 선교의 사명을 말하고 협력을 구한다. 16장은 성도의 합당한 예절로 로마의 성도를 거명하고 문안하면서 복음의 핵심인 교훈(교리)에 대한 분쟁을 경고하고 복음을 다시 요약하고 송영으로 마친다.

1) 믿음의 분량대로 지혜롭게 생각하라

새사람의 처신의 기준은 믿음의 분량(12:3)이다. 미쁘신 하나님께서는 새 삶의 기준인 믿음을 우리에게 주셨다. 하나님께서 우리의 부정과 불신에도 불구하고 우리를 향한 자기의 사랑을 예수님 안에서 끝까지 지키셨듯이, 우리도 이웃의 잘잘못에 끌려 다니지 말고 성령님 안에서 믿음으로 능동적인 삶을 살아야 함을 말한다.

12장부터 사도는 앞부분의 가르침을 염두에 두고

마지막 다섯 장을 계속 전개한다. 특히 1절은 적어도 두 가지를 담고 있다.

첫째, 하나님의 주도권(미쁘심)을 말하되 하나님의 자비, 곧 불쌍히 여기심을 강조한다. 이 말씀은 9:15,23에서 출애굽기 33:19을 인용하는 부분에도 나온다. "하나님께서는 불쌍히 여길 자를 불쌍히 여기신다." 불의가 없으신 하나님의 선택에 대하여 무슨 말을 하랴! 하나님의 주도권은 불쌍히 여기시는 선택으로 나타난다. 이 하나님의 모든 자비하심으로 로마 교인들을 권하는데, 이것은 사도가 자비의 하나님을 대신하여 권한다는 말이다.

둘째로, 권함의 내용은 몸을 하나님이 기뻐하시는 거룩한 산 제물로 드리라는 것이다. 이런 영적 예배가 성도의 삶을 요약한다. 성도의 삶의 기초는 예수님이시고 (3장-5장) 6장 초두에 나오는 대로 성도는 세례로 예수님의 생명에 참여하고 이어 받는다(6:11). 물론 아담과 그리스도의 대비도 앞서고 있고, 이것은 4장의 아브라함 몸의 죽음과 부활의 체험에서도 나온다.

이전에 죄가 몸에 왕노릇하여 우리는 몸의 사욕을

순종하였다(6:12). 특히 8장에서는 그리스도의 영이 계시면 몸은 죄로 인하여 죽은 것이나 영은 의로 인하여 살며, 몸의 행실을 죽이면 살고, 따라서 성령님 안에서 탄식하면서 몸의 구속을 기다리고 있다(8:10-11,23). 육신에 있는 자들은 하나님을 기쁘시게 할 수 없지만(8:8), 이제 우리는 이 육신과 몸을 우리의 주인이신 하나님께서 기뻐하시는 산 제물로 드릴 수 있게 되었으니 그렇게 드려야 한다. 몸과 피조물의 회복에 대한 무한한 소망을 따라 산 제물임을 강조한다. 곧 이 세대를 본받지 말아야 한다. 오히려 하나님의 뜻을 분별해야 한다(12:2).

사도는 12장의 전반부에서는 성도의 대내적인 삶을 교훈한다. 사도는 이미 그리스도의 몸을 말하였고(7:4) 이제는 우리 몸에서 몸인 교회를 말한다. 우리가 그리스도 안에서 한 몸이 되어 서로 지체가 되었다(12:5). 그러면서 은혜를 받은 각이한 은사를 서로를 위하여 사용할 것을 강하게 권한다(12:3-13). 우리 각자는 믿음의 분량, 곧 잣대를 받았다. 이 잣대를 따라 마땅히 생각할 그 이상의 생각을 품지 말고 지혜롭게 생각해야 한다(12:3,16). 각자가 받은 은사가 각각 고유하다. 예언은 믿음의 분수대로 행하여야 하는데, 설교는 믿음의 잣대인 믿음의 내용 전체를 잘 드러내어야 한다(12:6). 봉사와 구제와 긍휼을 베푸는 일을 맡은 자는 성실과 즐거움으로 행하고, 다스리는 자는 부지런함으로 행해야 한다(12:7-8). 가르치는 자도 받은 은사대로 행하여야 한다. 그러면서 은사로 직분을 수행하되, 사랑의 윤활유를 사용하여 서로의 관계를 정립해야 함을 가르친다(12:9-13).

12장의 후반부와 13장 전반부는 대외적 관계를 선의 관점에서 말한다. 외인에 대한 태도는 성도 상호간의 자세와 다를 바가 없다(12:16). 박해하는 자를 저주하지 말고 축복하며 즐거워하는 자와 함께 즐거워하고 우는 자와 함께 울어야 한다(12:14-15). 악을 악으로 갚지 말고 선을 도모하며(12:17), 가능하면 모든 사람과 화목하며(12:18), 악에게 지지 말고 선으로 악을 이기라는 권면(12:21)은 악을 악으로 갚는 옛사람의 모습을 강하게 폭로함과 동시에 원수를 직접 갚지 말고 하나님의 진노에 맡기라는 강력한 교훈이다(12:19-20). 즉 하나님의 사랑을 받고 하나님을 사랑하는 자는 박해와 악까지 포함하여 모든 것이 협력하여 선을 이루는 경험을 하게 하신다. 로마 교인들이 박해의 위협 속에 살고 있음을 간접적으로 알 수 있다.

이 연장선에서 13장 전반부는 새로운 공동체 밖의 정치권력에 대한 자세를 권한다. 즉 위에 있는 권세를 복종하라고 한다. 모든 권세는 하나님으로부터 나왔고 하나님께서 정하셨다(13:1). 권세는 하나님의 사역자로서 선을 베풀며 악을 행하는 자에게는 하나님의 진노를 따라 보응한다(13:2-4). 그러나 새사람은 이 진노가 아니라 양심을 따라 권세에 복종해야 한다(12:5). 이것은 권세를 두려워하지 않고 선을 행함으로 칭찬받아야 한다는 뜻이다(13:3). 따라서 세금을 바치며, 권세를 두려워하고 존경해야 한다(13:6-7).

13장 후반부는 거듭난 새사람의 대인 관계를 사랑으로 요약하여 정리하면서 십계명의 두 번째 돌판을 따라 권면한다. 사랑은 율법의 완성이기 때문에 피차 사랑의 빚 외에는 아무 빚도 지지 말아야 한다(13:8-10). 그리고 종말론적 구원을 바라보는 신자는 단정히 행하고 주 예수 그리스도로 옷 입고 정욕을 위하여 육신의 일을 도모하지 말라고 권한다(13:13).

2) 믿음으로 서로 받고 하나님께 영광 돌리라

14장은 12-13장보다 더 구체적으로 실천적 내용을

담고 있다. 그리스도를 옷 입은 새사람이 정욕을 위하여 육신의 일을 도모하지 않는 구체적인 처신을 거론한다. 곧 믿음의 잣대가 아니라 자기의 잣대로 형제 자매를 판단하거나 업신여기지 말라는 말이다. 사도는 14장에서 하나님께서 교회 안의 모든 성도를 받으셨으니, 성도들도 서로를 받아야 함을 강조한다.

14장은 로마 교회 안에 있는 알력, 아마 이방인 성도와 유대인 성도 간의 알력을 다룬다고들 대개 추정한다. 그러나 그렇게 볼 근거는 강하지 않다. 있는 그대로 '강한 사람'과 '약한 사람' 사이의 알력이라고 보는 것이 안전하다. 강한 사람은, 채소만을 먹는 믿음이 약한 자를 업신여기고, 먹지 않는 자는 약한 자로서 먹는 자를 비판한다(14:1-3). 그러나 그런 비판이나 업신여김은 일차적으로 하나님을 손상시킨다. 하나님께서 그리스도 안에서 강한 자나 약한 자 모두를 받으셨기 때문이다(14:3). 따라서 사도는 강한 자가 약한 자를 받아야 한다고 권면한다(14:1). "남의 하인을 비판하는 너는 누구냐?"(14:4) 이 말은 아주 분명하고 강한 표현이다. 각자가 마음으로 확정하되, 우리 모두는 다 하나님께 감사함으로 먹을 수도 있고 먹지 않을 수도 있다(14:5-6). 자기를 위해 죽는 자도 없고 사는 자도 없으며, 우리는 사나 죽으나 주 그리스도의 소유이다(14:7-8). 이 위로의 말씀 배경에는 세례가 있다. 세례로 우리는 그리스도와 함께 죽었고 다시 살았으니, 그리스도는 죽은 자와 산 자의 주인이시다(14:8). 우리의 판단 위에 항상 하나님의 판단이 있으며, 따라서 우리는 우리의 우월감이나 완악이나 맹목적 무관심을 버려야 한다. 상대방의 주인은 인간 판단자가 아니라 상대방을 살게 하신 그리스도이시다. 그러니 형제자매를 업신여기거나 비판하는 두 태도는 하나님의 심판을 생각하면 가당치 않다(14:10).

네가 어찌하여 네 형제를 비판하느냐? 어찌하여 네 형제를 업신여기느냐?

우리가 다 하나님의 심판대 앞에 서리라.

우리는 우리의 행위를 살아계신 하나님께 직고해야 한다는 사실을 명심해야 한다(14:11-12).

생명을 가진 자는 생명으로 심판을 벗어나게 할 행위를 하여야 한다. 즉 서로 비판하지 말고 배려해야 한다! 여기서 사도는 같은 동사로 비판과 배려(주의)를 동시에 말한다(14:13). 즉 사도는 성도의 판단력 자체를 인정하되(14:5; 12:2 참조), 임의로 판단하지 않도록 조심해야 한다는 것이다. 즉 주인의 자리를 차지하고 심판대에 앉아 상대방을 판단하고 매도하는 식으로 판단력을 사용하지 말고 하나님의 판단을 염두에 두고서 항상 판단하라고 권한다. 강함과 약함이 결코 부딪힐 것이나 거칠 것이 되어서는 안 된다! 사도는 결론적으로 이런 건전한 판단력을 믿음과 연관시킨다. 최종 심판을 염두에 둔 자는 하나님 앞에서 믿음을 가진 자이다. 그는 자기가 옳다 하는 바(비교. 18절=칭찬)로 자기를 정죄하지 아니하니, 복 있는 자이다(14:22). 그는 음식의 문제로 약한 자를 평가하거나 격노시키지 않을 정도의 판단력을 소유했다. 14:21은 앞의 13절을 지시한다. 14:13-23은 약자의 모습을 언급하면서 강자를 향하여 권면한다. 사도는 알고 확신하는 강자로서 영적 판단력을 가졌다(14:14). 그러나 로마 교회의 강자는 사랑으로 행하지 않아 형제를 근심시키고 망하게 할 수 있다(14:15). 이것은 사랑으로 행하여야 하는 선이 비방을 받게 한다(14:16). 약한 형제를 거리끼게 하면서도 먹으면 악하니(14:20!) 차라리 먹지 아니함이 아름답다(14:21). 이처럼 하나님의 나라는 성령 안에 있는 의와 평강과 희락이니(14:18) 화평과 건덕을 힘씀으로(14:19) 성령님 안에서 그리스도를 섬기는 자는 하나님의 기쁨이며 사람에게 칭찬을 받는다(14:17). 23절의 '의심하는 자'는 믿음이 약한 자를 연상시킬 수도 있지만, 오히려 사도는 약자를 거리끼게 하는 자(14:21)를 의심하는 자와 동일시하는 듯하다. 곧 스스로 옳다고 하는 바, 곧 믿음이 강하다 하여 거리낌이 없이 행하는 바로 스스로를 정죄하지 않는 자는 복이 있다(14:22). 의심하고 믿음에서 나오지 않은 것은 모두 죄이다(14:23). 의심하는 것은 약자에게 거칠 것을 두지 않아야 할 판단력의 약함이다. 강자가 오히려 약하다![10]

14장 23절은 아브라함의 믿음과 비교된다. 첫째, 아브라함은 믿음이 없어, 즉 불신앙으로 하나님의 약속을 의심하지 않고 믿음으로 견고하여져서 하나님께 영광을 돌렸다(4:20!). 둘째, 정죄이다. 판단은 주로 유대인의 소행인데, 율법을 들먹거리기는 하되 행하지는 않고 판단자로 군림한다(2:1,3). 이런 짓은 하나님의 심판을 받는다

---

10 약자는 자기 양심을 기준으로 삼지 말고, 자기를 아시는 하나님의 지식(고전 8:3)을 자기 지식보다 중시하면서 자기 양심을 제한하고 해방시켜야 한다(고전 10:25ff).

(2:12,16). 바로 불의이다!(1:18,29, 2:8, 3:5, 6:13) 이 불의에 대해서는 이방인이나 유대인이나 예외가 없다(1:18,29, 2:8). 하나님께서 그리스도 안에서 이런 불의한 자들 곧 바로 정죄 받은 자들(5:16,18)을 의롭다 하셨다. 그러므로 이제 그리스도 예수 안에 있는 자들에게 결코 정죄함이 없다!(8:1). 누구도 우리를 정죄할 수 없다!(8:34) 판단하지 않고 오히려 판단 아래 있던 자들(3:19)이 오직 믿음으로 의롭게 되었다. 그런데 정죄함에서 벗어난 자들이 어찌 판단하고 정죄하는가? 이것이 14장의 요지이다. 위에서 본 바처럼, 비판이 유대인의 습성이라면, 어찌하여 '그리스도 안에서 정죄를 피한' 자들이 비판함으로써 그리스도 없이 살던 모습을 보인단 말인가? 우리 조상 아브라함의 믿음을 따라(4:16) 의로워졌다면, 하나님 앞에서 믿음을 견지하되 의심함으로 정죄되거나 죄를 범하지 말고 믿음을 따라 행하여야 한다(14:22-23). 그리스도로 인하여 산 제물이 된 성도가 어찌 이미 죽은, 죄의 몸의 흔적을 다시 드러내는가?

이 점에서 3:4이 인용한 시편 51:4에서 의와 판단의 의미와 관계가 분명하게 드러난다. 하나님은 말씀에서 의로우시며, 누가 하나님을 판단하여도 이길 수가 없고, 의로우신 하나님께서 항상 이기신다! 우리가 의로워졌다면, 우리의 삶은 누구에게도 판단받지 않으며 하나님을 닮아 항상 이겨야 한다(참조. 고전 4:3-5). 이것이 진정한 믿음의 강자이다.

15장은 일단 14장을 받는다. 역시 강한 자에 대한 권고이다. 이것을 기독론적으로 설득한다. 사랑(14:15) 안에서 하나 되어야 한다. 이것이 예수님의 사역이다. 우리는 이웃을 기쁘게 하고 선을 이루고 덕을 세워야 한다(15:2). 그러나 자기 기쁨은 강자의 모습에서 나타나는 그릇된 자기 도취를 잘 보여준다. 우리를 값으로 샀으니 우리의 것이 아니라 예수님의 것이다(14:8). 예수님도 자기를 기쁘게 하지 않으셨다. 오히려 비방을 덮어쓰셨다(15:3). 우리를 위한 교훈은 성경의 인내와 위로를 받아 소망을 갖게 한다(15:4-5). 예수님이시다. 예수님을 본받아 한 뜻을 가지고 한 마음과 입으로 그분의 아버지께 영광을 돌리게 함이다(14:6). 그리스도도 우리를 (너그럽게) 받아 하나님께 영광을 돌리셨듯이, 우리도 서로를 받아야 한다(15:7). 하나님께서 이방인과 유대인을 다 받으셨다(14:3). 그러니 우리도 서로를 받아들여야 한다(14:1). 이런 받음에는 차별이 있을 수 없다. 이게 하나님께 영광을 돌림이다(15:6-7).

이 문맥에서 중요한 주제가 나온다. 그리스도께서는 하나님의 신실하심을 위하여 할례의 추종자(일꾼)가 되어 조상들에게 주신 약속을 견고하게 하셨다. 이것이 자기를 기쁘게 하지 않고 비방을 덮어쓰되 우리까지 받아 구약의 약속을 견고케 하시고 하나님의 신실하심을 믿음 중에 이루셨다(15:8). 이 약속을 아브라함은 믿었으나 4:16에서와 같이 그가 아니라 예수님께서 약속을 성취하셨다. 견고케 하심이 그 분의 믿음이요 이로써 성부의 신실함도 이루셨다!

3) 우리와 같이 하나님께 영광을 돌려야 하는 이방인(선교)

다시 9-11장으로

이제 다시 돌아와, 예수님이 할례의 종이셨으나 예수님의 믿음 중에 이방인들도 긍휼을 입어 그들도 하나님께 영광 돌릴 수 있게 되었음을 말한다. 9-11장을 이방인을 위하여 새롭게 펼치는 셈이다. 모든 민족이 주님의 이름을 찬송하는 것이 조상들에게 주신 약속들 중에 포함되어 있다! 그래서 이방인이 주의 백성과 함께 즐거워하면서 하나님을 찬양하고 찬송하되, 열방이 이새의 뿌리이신 예수님에게 소망을 두게 하려 하신다(15:9-12). 우리의 소망은 예수 그리스도이시다. 바울 사도는 이방인이 하나님을 찬양할 수 있게 되었음을 기독론적으로 풀면서 다시 이방인 선교를 향한 주제를 펼치려 한다. 먼저 로마에 있는 주로 이방인 출신 성도들에게 진심으로 기원한다. 곧 예수님이 주신 소망을 믿는 그들에게 하나님께서 의와 평강과 희락(14:17)을 충만하게 하시고 결국 성령님의 능력으로 소망에 부한 자가 되기를 기원한다(15:13).

이제 서두에서 언급한 대로 다시 선교를 다룬다. 자신이 받은 은혜는 사도의 직분이다(1:5, 15:15ff). 이방인의 사도로 부름받아 하나님의 복음의 제사장으로 세움 받아 이방인을 제물로 드리는 직분이다. 이 직분은 성령 안에서 이방인을 거룩하게 하여 제물로 받으심직하게 한다. 삼위일체의 사역을 언급하되, 이방인의 사도(11:13)로서 예수님의 일꾼이요 하나님의 복음의 제사장이요 성령님의 사역자이다. '받으심직함'은 구약 제사에 나오는 표현으로서 12:1을 상기시킨다.

이제 기지개를 편다. 사도는 다시 삼위일체 하나님

의 사역을 말한다. 그리스도 안에서 하나님의 일을 자랑한다. 행위를 자랑할 수 없지만 믿음의 법은 자랑하여도 된다(3:27). 다시 하나님께서 하신 일들을 염두에 두고 예수님을 자랑한다!(15:17) 그리스도께서 이방인을 순종하게 하시려고 바울 자신을 통하여 역사하시되, 당신의 성령의 능력으로 역사하셔서 바울 자신은 자기의 복음을 편만하게 전하였다(15:18-19).

예루살렘의 성도를 위한 연보는 하나님께서 받으신 자들을 서로가 받는 좋은 예이다(15:25-27). 이 일을 마치려고 예루살렘으로 가면 불신 유대인들로부터 저항이 있겠지만 바울은 결코 물러서지 않을 작정이고, 이를 위하여 로마 교인들의 기도를 당부하면서 성도들이 받을만하게 여기리라 기대한다(15:30-31). 예루살렘에 있는 모든 유대인들을 향한 임무를 마치면, 사도는 다시 이방인 선교를 향하여 나아갈 것이고, 이 일에 로마 교인들과의 교제를 원한다. 이 교제 중에 그리스도의 충만한 복을 가지고 가서 나누고, 교제의 기쁨으로 새 힘을 얻어 이방인의 사도의 일을 계속 하기를 갈망한다(15:22-24,28-29,32-33).

16장에서 사도는 성도들의 합당한 예절을 말하면

서 길게 문안한다(16:1-16). 그리고 이미 배운 교훈(16:17; 6:17)을 거슬러 분쟁을 일으키거나 거치게 하는 자들을 살피라고 로마 교인들에게 단단히 경고한다. 이 교훈을 파수하기 위하여 교인들은 그들에게서 떠나야 한다. 이들이 누구며 어떤 주장을 하였는지는 구체적으로 나오지 않는다. 그러나 이들의 미혹과 위험이 엄청나게 크기 때문에 이들을 피하는 것이 최선이라는 경고이다. 교인들의 순종(16:19)을 다시 기뻐하면서 선에는 지혜롭고 악에는 미련하기를 권면하고, 평강의 하나님께서 그 배후인 사탄을 상하게 하실 것을 간구한다.

로마서의 끝부분은 첫 부분을 연상시키면서 짝을 이룬다(16:25-27). 바울 사도 자신의 복음은 이제 나타나신 그리스도이며, 자신의 사명은 그리스도를 전파하여 모든 민족이 믿어 순종에 이르게 함이다. 그리고 로마 교인들을 이 복음으로 능히 견고하게 하실 하나님께 예수 그리스도로 말미암아 영광을 돌리는 송영으로 대미를 장식한다. 이 편지와 송영이 성령님의 능력으로 이루어짐은 언급하지는 않지만 내포되어 있다. 삼위 하나님의 미쁘심에 우리의 믿음과 결실도 따른다. 이것이 새사람이 드릴 송영이다.

제4장

하나님의 영광, 새사람의 영광!

설교

4장
하나님의 영광, 새사람의 영광!

본서는 시작에서 인간이 하나님의 영광을 변질시킨 것을 질책하고 마지막에서 영광의 회복을 송영한다. 인간은 불멸하시는 하나님의 영광을 사람과 다른 동물의 모습으로 바꾸었다(1:23). 하나님을 알되 하나님을 영화롭게 하지 않는 것이 인간의 본래 모습이다(1:21). 그러나 피조물은 하나님의 자녀들의 영광의 자유에 이르기를 원한다(8:21). 하나님께서는 선행을 하고 인내하면서 영광과 존귀를 구하는 자들에게는 영생을 주신다(2:7). 선을 행하는 자에게는 영광과 존귀와 평강이 있는데, 여기에 유대인이나 헬라인에게 차별이 없다(2:10). 사람이 거짓말을 하여 하나님의 영광을 풍성하게 할 수 없다(3:7).

이 영광은 본래 인간이 소유한 것이 아니라 받아야 하는 영광이다(3:23, 8:30). 인간이 영광을 돌릴 수 있는가? 아브라함은 하나님의 약속을 믿음으로 하나님께 영광을 돌렸다(4:20). 약속의 하나님은 영광의 하나님이시다. 믿음으로만 하나님의 영광을 볼 수 있다. 믿음으로 은혜에 들어온 성도들은 하나님의 영광이라는 소망 위에서 자랑한다(5:2). 그리스도께서는 성부의 영광으로써 부활하셨으니, 우리도 (성부의 영광으로써) 새생명을 누리는 새사람이 된다(6:4). 부활에서 나타난 영광이 우리의 새생명과 생활에서도 나타난다! 따라서 영광을 미리 맛보고 바라보는 자는 고난도 '함께' 받아야 한다(8:17; 함께!). 세례로 그리스도와 함께 상속자가 되었으니 함께 영광 받기 위하여 고난도 함께 받는다! 현재의 고난은 장래의 영광과 비교할 수 없다(8:18).

구약에서 이스라엘이 받은 것을 다 정리하자면 '영광'이다(9:4). 하나님의 영광은 당신의 긍휼에서 나타나서 영광의 풍성함을 알게 한다(9:23). 이 영광의 긍휼을 입은 자는 하나님께 영광을 돌려야 한다(15:9). 그리스도께서 하신 일이 한 마디로 무엇인가? 우리를 받아 하나님께 영광을 돌림이니, 영광을 맛본 자는 서로를 받아야 한다(15:7). 따라서 이방인의 사도직은 영광스럽다(11:13). 인내와 위로의 하나님께서 그리스도를 본받게 하셔서 한 마음으로 그리스도의 아버지 하나님께 영광 돌림이 성도의 삶의 목적이다(15:6). 유대인이나 이방인이 한 백성, 한 새사람이 되는 것이 우리의 사명이며 영광의 사역의 완성이다.

아브라함이 행위로 의롭다 함을 받았다면, 그는 자랑할 것이 있겠지만 하나님 앞에서는 없다(4:2). 하나님의 영광이라는 소망 위에서 자랑하는 성도는 환난 중에서도 즐거워한다(5:3; 자랑과 희락은 같은 동사이다). 사도는 그리스도 예수님 안에서 하나님의 일에 대해서 자랑한다(15:17). 본서는 송영으로 끝이 난다(16:27).

하나님께서 가지신 영광, 인간은 받아야만 하는 영광, 이제는 그리스도 안에서 하나님의 긍휼로 나타났고, 우리가 소유할 영생이 이 영광이다. 이 하나의 영광, 새사람 예수님께서 나타내셨고, 그분으로 인하여 새사람 된 우리가 영원히 참여할 영광이다. 그럴 때에 피조물도 참여한다. 인간과 피조물이 하나님께서 본래 가지신 영광을 가감없이 드러내는 것이 천국이다. 그 어간에 우리는 새로운 공동체를 형성하면서 이 땅에서 고난과 탄식 중에 이 영원한 영광을 사모해야 한다.

설교 1
하나님의 영광과 새사람
로마서 8:12-17

웨스트민스터교리문답은 사람의 제일 되는 목적을 하나님을 영화롭게 하고 그분을 기뻐함이라고 말합니다. 옳습니다. 그렇지만 우리가 어떻게 하나님을 영화롭게 할 수 있습니까? 우리가 드릴 영광이 있습니까? 우리에게 그럴 힘이 있습니까?

모든 사람이 죄를 범하였는데 어찌 하나님께 영광을 돌릴 수 있을까요? 그럴 수 없습니다. 우리는 죄에 대하여 심판 받아 정죄되었습니다(5:16,18, 8:1). 죄가 사망 안에서 왕노릇하였습니다. 우리는 죄 중에 다 죽었습니다. 죄의 삯은 사망입니다(6:23). 이렇게 죽은 죄인은 하나님께 영광을 돌릴 수 없습니다.

그런데 이제는 하나님께 영광을 돌릴 수 있습니다. 죄와 사망의 법에서 해방되어 자유를 얻었기 때문입니다. 예수님 안에 있는 생명의 성령의 법이 우리를 해방하였습니다(8:1). 우리는 이전에 죄의 종이 되어 우리 몸과 지체를 불의의 무기로 내어주었습니다. 오직 죄의 종노릇만 할 수 있었지요. 죄인의 의지는 속박되어 다른 선택의 여지가 없었습니다. 그러나 이제는 자유를 얻어 선택할 수 있습니다. 우리 몸과 지체를 의의 무기로 하나님께 드릴 수 있습니다. 곧 생명을 얻은 산[生] 자만이 하나님께 영광을 돌릴 수 있습니다.

본문이나 8장 전체에서 하나님께 영광 돌림은 나오지 않습니다. 오히려 8장은 우리가 얻을 영광을 말합니다. 우리의 목표는 영광입니다. 우리는 이 영광에 참여함으로 이 영광의 주인이신 분을 영화롭게 하는 첫 발을 내어 디딥니다.

하나님의 영광과 새사람
1. 하나님의 영광에 이르지 못한 옛사람

2. 하나님의 영광에 이르게 하신 새사람 예수님

3. 예수님과 함께 고난 받고 영광 받음

4. 현재의 고난, 장래의 영광

1. 하나님의 영광에 이르지 못한 옛사람

모든 사람이 죄를 범하여 하나님의 영광에 이르지 못하였습니다(3:23). 전통적으로 이 본문은 영광의 상실로 봅니다. 즉 창조될 때 인간이 가졌던 영광을 죄로 인하여 잃어버렸다는 것입니다. 물론 인간이 죄 때문에 상실한 바가 크고 많습니다. 죄 때문에 곧 하나님과의 관계가 끊어졌고 교제를 상실하였습니다. 이것이 사망입니다. 하나님의 영이 사람과 함께 하시지 않았기 때문에 생령(창 2:7)이 결국 육체(육신)가 되었습니다(창 6:3). 그때부터 모든 사람은 육신에 속하게 되었고 죄의 정욕이 우리 지체 중에서 역사하며(7:5) 죄 아래 팔렸고(7:14), 육신으로 죄의 법을 섬겼습니다(7:25). 육신의 연약함으로 지체를 부정과 불법에 내어줍니다(6:19). 결과적으로 육신의 생각은 사망이요 하나님과 원수가 되어 하나님을 기쁘시게 할 수 없었습니다(8:6-8).

하나님께서는 이런 자들을 그들의 마음의 정욕대로

부정함에 내버려 두셨습니다(1:24). 부끄러운 욕심에 내버려 두셨습니다(1:26). 이들이 마음에 하나님 두기를 싫어하매 하나님께서 그들을 그 상실한 마음대로 내버려 두시고 합당하지 못한 일을 하게 하셨습니다(1:28). 이들이 하나님을 인정하는 것을 역겹게 여기니 하나님께서 그들을 역겨운 마음에 내버려 두셨습니다.[11] 결과적으로 합당하지 않은 짓만 찾아서 합니다. 하나님의 영광을 썩어질 인간과 생물의 우상으로 바꿉니다(1:23). 하나님을 영화롭게 하지 않습니다(1:21). 감사할 리도 없습니다. 이렇게 불의로 진리를 막는 자들의 불경과 불의에 대하여 하나님의 진노가 하늘로부터 나타납니다(1:18). 하나님께서는 자기의 영광을 바꾸고 자기에게 영광 돌리지 않는 자에게 자기 권리를 주장하시니, 곧 사망입니다(1:32). 하나님은 자기가 만드신 것을 방편으로 삼아 자기의 영원하신 능력과 신성을 지속적으로 분명하게 보이시니, 이런 짓을 하는 자들은 핑계치 못합니다(1:20).

핑계하지 못할 자들이 또 있습니다. 이들은 하나님

---

[11] 1:28의 '싫어하매'와 '상실한'은 같은 어근에서 나왔다. 두 역어를 아울러 '역겹다'로 번역하여 본다.

께서 만물을 만드시고 만물 중에서 자기를 지속적으로 보이신다는 것을 가르치는 율법을 가진 유대인들입니다. 이 율법은 남을 판단할 수 있는 기준이니, 유대인들은 율법으로 남을 판단하면서도 판단 받을 같은 일을 행함으로 스스로를 정죄하니, 핑계하지 못합니다(2:1). 이런 자에게 하나님의 심판이 진리대로 임하고, 의로우신 심판이 나타날 때까지 하나님의 진노를 쌓습니다(2:5). 그러나 율법이 명하는 대로 행하는 자에게는 하나님께서 각각 보응하십니다. 참고 선을 행하여 영광과 존귀와 썩지 않음을 구하는 자에게는 영생으로 보응하십니다(2:7). 그러나 진리가 아니라 불의를 따르는 자들에게는 진노와 분노로 보응하십니다(2:8). 율법을 자랑하는 유대인이 율법을 범함으로 하나님을 욕되게 하니(2:23), 변명할 수가 없습니다.

로마서 1장과 2장은 유대인이나 헬라인이나 다 죄 아래 정죄되었다고 밝히 지적합니다. 다 죄 아래 있으며 사망에 해당됩니다. 모든 사람이 죄를 범하였으매 하나님의 영광에 이르지 못하였다(3:23)는 말씀의 뜻이 바로 이것입니다.

2. 옛사람을 하나님의 영광에 이르게 하신 새사람

예수님

그런데 1장과 2장의 사람과는 달리, 하나님께 영광을 돌린 사람이 있습니다. 아브라함입니다. 그는 믿음으로 하나님께 영광을 돌려 모든 믿는 자들의 조상이 되었습니다. 이 믿음은 예수님을 믿는 믿음이며, 새사람 예수님 때문에 가능하였습니다.

아브라함은 바랄 수 없는 중에 바라고 믿었습니다(4:18). 무엇을 믿었습니까? 약속을 믿었습니다. 그가 믿은 약속은 무엇입니까? 하나님께서 그를 많은 민족의 조상으로 세우시겠다는 약속입니다. 구체적으로 그와 그의 많은 후손을 상속자로 삼으시겠다는 약속이지요. 그런데 아브라함은 바랄 수 없는 중에도 바라고 이 약속을 믿었습니다. 왜 바랄 수 없었지요? 그의 몸이 죽은 것 같고 사라의 태가 죽은 것 같았기 때문이었습니다(4:19). 하나님의 약속이 자기와 아내 사라의 몸으로는 이루어질 수 없었습니다. 그럼에도 그의 믿음이 약하여지거나 없어지지 않았습니다. 그는 하나님의 약속을 의심하지 않고 오히려 믿음으로 견고하여져서 하나님께 영광을 돌렸습니다!(4:19-20). 아브라함은 믿음으로 견고한 새사람이 되었습니다.

아브라함에게는 하나님께 돌릴 영광이 있었던가요? 아닙니다! 믿음뿐이었습니다. 불신에 빠지지 않고 하나님의 미쁘심을 믿음으로 하나님의 영광을 인정하였습니다(불신, 3:3, 4:20). 하나님의 영광은 약속을 지키심에서 나타납니다. 약속하신 바를 하나님께서 능히 이루실 줄을 아브라함은 확신하였습니다(4:21). 그가 믿은 하나님은 어떤 분이신가요? 미쁘신 분이십니다(3:3). 죽은 자를 살리시며 없는 것을 있는 것으로 부르시는 분이십니다(4:17). 믿음은 아주 구체적으로 예수님을 죽은 자 가운데서 살리신 이를 믿는 믿음입니다(4:25). 바울 사도는 하나님의 복음을 소개하면서 하나님의 아들은 성결의 영으로는 죽은 자들 가운데서 부활하셨다고 선언합니다(1:4). 나아가 예수님은 아버지의 영광으로 죽은 자 가운데서 부활하셨다고도 선언합니다(6:4).

아브라함도 부활을 체험하였습니다. 곧 모리아산에서 이삭을 바칠 때입니다. 사실 죽은 몸이요 죽은 태였던 아브라함과 사라는 이삭을 얻음으로 없는 것을 있는 것으로 부르시는 하나님, 약속을 성취하시는 하나님을 믿었습니다. 새사람이 되었습니다. 이 믿음으로 그는 독자 이삭을 바쳤습니다. 여호와 이레, 숫양을 대신 바침으로 죽은 것이나 다를 바 없는 이삭을 산 채로 도로 받았습니다. 이것은 예수님의 부활에 대한 예언이요 아브라함의 믿음은 예수님의 부활을 믿는 부활 신앙입니다.

그러나 엄밀하게 말하자면, 아브라함이 부활을 자기 몸에서 직접 체험한 것은 아닙니다. 그가 부활한 것이 아니며 이삭이 부활한 것도 아닙니다. 죽은 자 가운데서 부활하신 이는 예수님 한 분밖에 없습니다. 예수님만이 부활로 새사람이십니다. 아브라함은 믿음으로 부활을 믿었고 부활하신 새사람 예수님까지 믿었다는 말씀입니다. 예수님을 부활하게 하신 하나님 아버지를 믿는 믿음은 곧 부활의 예수님을 믿는 믿음이었습니다. 아브라함은 부활하신 새사람 예수님을 믿음으로 새사람이 되었습니다.

예수님은 하나님 아버지의 영광으로 죽은 자 가운데서 부활하셨습니다! 생명이 되셨습니다. 예수님이 새사람이십니다. 그리하여 아브라함의 자손인 우리가 이 부활의 상속자가 되어 새생명 가운데서 행하게 하려 하십니다(6:4). 예수님은 옛사람을 하나님의 영광에 이르게 하신 새사람이십니다. 우리도 부활로 새사람이 되신 예수님을 믿는 믿음으로 새사람이 되었습니다.

3. 성령으로 예수님과 함께 영광 받고 고난 받는 새 사람

우리는 예수님 때문에 하나님의 영광에 이릅니다. 모든 사람이 하나님의 영광에 이르지 못한 것은 이미 가졌던 영광을 잃었다는 뜻이 아닙니다. 우리는 범죄로 인하여 우리가 받을 이 영광에 이르지 못하였습니다. 그러나 영광의 하나님께서 아드님을 죽게 하시고 자기의 영광으로 다시 살리심으로 이 영광에 이르는 길을 여셨습니다. 이제 우리는 예수님으로 말미암아 한 성령 안에서 아버지께 나아감을 얻었습니다(엡 2:18). 우리는 예수님 덕분에 아버지의 영광에 나아갑니다.

하나님께서는 미리 정하신 자들을 부르시고 의롭다 하시고 그들을 또한 영화롭게 하셨습니다!(8:30) 우리가 하나님을 영화롭게 하기 전에 하나님께서 그리스도 안에서 우리를 먼저 영화롭게 하셨습니다. 이 일은 예수님 안에서 이미 다 이루어졌습니다. 하나님께서는 이제 이 모든 은덕을 우리에게 베푸시사 자기 아들의 형상을 본받게 하려 하십니다. 그래서 자기 아드님이 많은 형제 중에서 맏아들이 되게 하려 하십니다(8:29). 맏아들은 첫 열매라는 의미인데, 예수님은 우리 때문에 맏아들이십니다.

예수님의 많은 형제들은 그리스도와 함께 하는 상속자이요 하나님의 상속자이십니다(8:17). 믿음의 의로 말미암아 상속자는 아브라함이었고, 그의 후손들이었습니다(4:13). 그러니 이제는 율법에 속한 자들이 상속자가 아닙니다. 만약 그랬다면 믿음은 헛것이고 약속은 파기됩니다(4:14). 은혜에 속하기 때문에 믿음으로 상속자가 됩니다(4:16). 이제 우리가 상속자입니다. 우리가 하나님의 상속자인 이유는 더 구체적으로 우리가 하나님의 자녀가 되었기 때문입니다(8:16).

여기에 그리스도께서 지니신 두 가지 신분이 나옵니다. 먼저, 아버지 하나님의 명령을 받아 우리를 위하여 자기 몸에 죄를 정죄함으로써 구속주가 되시고 우리를 아버지의 자녀로 입양시켜 주셨습니다(8:15). 둘째로, 그리스도께서는 그렇게 친히 구속하신 자들을 형제라 부르면서 당신께서 아버지와 가지신 그 지위로 우리를 격상시켜주시고, 세상의 상속자가 되게 하셨습니다.

그런데 우리가 하나님의 자녀인 것을 성령께서 친

히 우리 영과 더불어 증언하십니다(8:16). 우리는 하나님의 영으로 인도함을 받는 자들로서 하나님의 자녀입니다(8:14). 8장은 '성령 장(章)'이라 해도 과언이 아닙니다. 본 장에 말하는 성령님의 구체적인 사역은 무엇입니까? 성령님은 예수님을 죽은 자 가운데서 살리신 이, 곧 성부의 영이십니다(8:11). 이 성령님은 생명의 성령이십니다(8:1). 성령님은 예수님을 죽은 자 가운데서 살리신 영이십니다(1:4). 생명의 성령님은 부활로 예수님을 새사람되게 하시고 이제는 이 예수님을 닮게 하여 옛사람을 새사람으로 변화시키시는 개혁주(改革主)이십니다.

이 성령님이 우리 안에 거하시면 우리는 육신에 있지 않고 영에 있습니다(8:9). 우리 속에 그리스도의 영이 없으면 우리는 그리스도의 사람이 아닙니다. 그리스도께서 우리 안에 계시면 몸은 죄로 말미암아 죽은 것이나 영은 의로 말미암아 살아있습니다(8:10). 이처럼 그리스도께서도 우리 안에 계시고, 성령께서도 우리 안에 계십니다. 어떻게 계시는가요? 아버지 우편에 계신 그리스도께서는 성령님의 방식으로 우리 안에 거하십니다. 이제 성령께서 예수님의 사역과 그 열매를 우리 속에 가지고 오셔서 그것들을 우리의 것으로 만들어주십니다.

그 결과가 무엇입니까? 성령께서는 우리의 육신이 죽었다는 것을 알게 하시고 영으로 살려주십니다. 예수님을 살리신 그 성령께서 이제 우리를 살려주십니다! 우리를 새사람으로 만들어 주십니다. 그리스도의 사역 측면에서 보자면 우리는 그리스도 안에서 하나님께 대해서는 살아 있는 자로 여겨야 합니다(6:11). 이것은 세례의 의미입니다. 세례로 우리는 그리스도와 함께 죽고 그리스도와 함께 삽니다. 이것을 누가 체험하게 하시는가요? 성령님이십니다. 아담 안에서 죽은 우리가 그리스도 안에서 살았는데, 이것을 누가 증거하시죠? 성령님이십니다!

이제 성령님 안에 있는 우리는 육신의 생각이 사망이요 하나님과 원수임을 압니다(8:7, 8). 성령님의 생각은 생명과 평안임도 압니다(8:6). 우리가 성령 안에서 살기 때문입니다. 이제 성령님과 더불어 그리스도 예수님 안에 있는 자에게는 결코 정죄함이 없습니다!(8:1) 그러므로 우리가 육신대로 살면 반드시 죽습니다. 영으로써 몸의 행실을 죽이면 삽니다(8:13). 8장은 육과 영, 또는 몸과 영을 대비시킵니다. 그리스도께서 우리 안에 계시면 우리 영은 의로 말미암아 생명입니다(8:10).

우리가 분명 예수님 때문에 죽은 자가 아니라 산 자라면, 어찌하여 '살리라'고 말할까요?(13) 그리스도 예수님을 죽은 자 가운데서 살리신 이가 우리 안에 거하시는 자기 영으로 말미암아 우리 죽을 몸도 살리실 것입니다(8:11). 왜 미래형인가요? 이제 우리는 살았기 때문에 살아야 하고 살 것입니다. 이전에 죄로 말미암아 죽었다가 예수님으로 인하여 살았으니 죄에 대해서는 죽었습니다. 이제는 우리가 살았습니다. 따라서 몸의 지체가 하나님께 종으로 살며 의의 무기가 되어야 합니다. 육신은 무엇인가요? 이미 죽지 않았는가요? 예수님이 죽으셔야만 하지 않았는가요?

우리가 육신대로 살면 반드시 죽을 것이요 영으로써 몸의 행실을 죽이면 삽니다(8:13). 육신대로 사는 것은 사는 것이 아닙니다. (육신대로) 살면 죽는다? 이것은 인간 언어의 한계입니다. 예, 육신대로 살면 죽습니다. 여기까지는 현재형입니다. 영으로써 몸의 행실을 죽이면 우리는 살 것입니다(13절 하). 미래형입니다!

영으로 사는 것, 이것은 고난입니다! 육신의 생각은 하나님과 원수가 되어 하나님의 법에 굴복할 수도 없습니다(8:7). 육신과의 싸움, 우리 육신에 채우는 고난입니다. 예수님도 육신으로 고난을 받으셨듯이, 이제 육신으로 고난을 받는 자는 죄를 그쳤습니다(벧전 4:1). 현재는 죄와 싸우는 기간입니다. 죄와 싸우되 피흘리기까지 대항해야 합니다(히 12:4). 이것은 좁은 문으로 들어가기를 힘쓰는 일과 같습니다(눅 13:24). 힘씀은 구하는 정도가 아니라 쟁취하기 위한 싸움을 말합니다. 사도는 자기 속에서 능력으로 일하시는 분의 역사(energy)를 따라 힘을 다하여 수고하였습니다(골 1:29). '힘을 다하여' 싸우는 싸움의 의미와 가치는 마지막 승리에서 나옵니다. 우리는 저만치에서 비치는 마지막 승리 곧 영광의 여명을 받으면서 고난 중에서 이미 예비된 승리를 맛봅니다. 선한 싸움을 싸우고 달려갈 길을 마치고 믿음을 지킨 사도에게 '의의 면류관'이 예비되어 있습니다(딤후 4:7-8).

4. 현재의 고난, 장래의 영광

현재의 고난은 장래의 영광과 비교할 수 없습니다. 세례로 그리스도와 합하여 함께 죽었고 함께 살아있는 우리는 그리스도와 함께 영광을 받기 위하여 고난도 함께 받아야 합니다(8:17). 이 예비된 장래의 영광을 바라면서 우리는 현재의 고난을 받되 싸우면서 육신을 제어해야 합니다. 이제 우리는 육신으로 살지만 육신으로 싸우지 않습니다(고후 10:3). 옛사람인 육신이 우리의 삶의 기준이나 가치관이 아닙니다. 따라서 우리의 싸우는 무기는 육신에 속하지 않았습니다. 하나님의 능력입니다(고전 10:4). 곧 우리가 빚진 자로되 육신에게 져서 육신대로 살 것이 아닙니다. 육신대로 살면 죽습니다(8:12).

우리는 소망으로 구원을 얻었습니다(8:24). 아직도 우리가 이르러야 하는 구원이 있습니다. 아직도 쟁취해야 하는 영광이 있습니다. 보는 소망은 소망이 아니니 보지 못하는 것을 바란다면 참음으로 기다려야 합니다(8:24-25). 기다리며 쟁취해야 하는 영광은 무엇인가요? 우리 몸의 속량, 곧 몸의 부활입니다. 사도는 8장에서 죄인의 육신과 몸을 같은 의미로 사용하면서, 동시에 다르게도 사용합니다. 우리는 여전히 가야할 길이 남아있습니다.

우리는 육신의 정욕과 더불어 싸우면서 나타날 영광을 바라고 참으면서 기다려야 합니다. 여기 '기다림'은 종말론적 기다림입니다. 우리는 몸의 속량을 학수고대합니다. 이것이 하나님의 자녀들의 영광입니다! 피조물이 지금까지 허무한 데 굴복하고 썩어짐의 종노릇하고 있습니다. 피조물이 고대하는 바(19)는 여기에서 해방되어 하나님의 자녀들의 영광의 자유에 이르는 것입니다(8:21). 피조물은 지금까지 함께 탄식하며 함께 고통을 겪고 있습니다(8:22). 이것을 하나님의 자녀들은 알고 있습니다. 이런 피조물의 '고대'가 23절의 기다림입니다. 25절의 기다림도 같은 말입니다. 피조물도 해방을 고대합니다. 그리하여 우리의 영광의 자유에 이르기를 고대합니다. 자유 곧 해방을 고대합니다. 새사람의 창조로부터 모든 피조물의 회복이라는 복음의 보편성을 동시에 잘 담아냅니다.

말씀을 맺겠습니다. 하나님의 영광은 우리의 목표입니다. 죄로 상실한 것이 아니라 죄로 인하여 도달할 수 없는 것을 그리스도 예수님께서 십자가로 나아갈 수 있는 길을 열어주셨습니다. 예수님의 십자가와 부활 사건은 이미 우리를 영화롭게 하셨습니다. 이것은 큰 위로입니다. 우리가 도달하여야 하지만, 우리의 머리이신 장형(長兄) 예수님께서 부활로 이미 이루신 영광입니다. 그렇기 때문에 이제는 성령님 안에서 고난 받으면서 장래의 영광을 고대하여야 합니다. 그것은 성령께서 우리 안에 사시고, 우리가 성령님 안에 살면서 예수님의 부활의 영광이 우리 몸에 나타납니다. 우리는 이 받은 영광으로 하나님을 영화롭게 하며 그분을 즐길 수 있습니다. 성령님을 따라 살면서 장차 올 이 영광, 곧 몸의 속량을 바라면서 예수님과 함께 고난 받으며 육신과 그 정욕을 죽이는 삶을 사시기 바랍니다.

설교 2
하나님의 새사람답게 살라!
로마서 12:1-2

　교회가 맛을 잃고 있습니다. 목사에 대한 존경도는 성당의 신부나 절간의 중보다 훨씬 뒤쳐집니다. 교인들이 빛을 잃고 있습니다. 이제는 교인수조차도 줄어들고 있습니다. 한국교회의 쇠퇴 속도는 성장의 속도보다 훨씬 더 빨리 진행되고 있습니다. 이 속도는 특히 2014년 8월에 교황이 방한한 이후 눈에 띌 정도로 빨라지고 있습니다. 유럽교회는 1500년은 견뎠습니다. 과연 우리 한국교회는 150년을 견딜 수 있을까요? 신자로 살아가는 것이 당당하던 시절과는 달리, 이제는 눈총을 받고 있으며, 핍박을 받아야 믿음을 지키는 때가 되었습니다. 곳곳에서 한국교회는 개혁되어야 한다는 말이 어지럽게 들려옵니다.

그러나 개혁을 운운하면서도 개혁을 대개 외적인 개혁으로 이해합니다. 이건 오해입니다. 성경은 옛사람의 개혁인 내적인 개혁, 곧 새사람에 더 많은 관심을 기울입니다. "새사람을 입으라."(엡 4:24)고 명령합니다. 어떻게 죄로 죽은 옛사람이 새사람을 입을 수 있습니까? 성령님께서 옛사람을 벗게 하시고 새사람 예수님을 닮아 마음을 새롭게 함으로 변화를 받게 하십니다. 본문은 이것을 영적 예배로 개혁해야 한다고 가르칩니다.

종교개혁은 예배의 개혁이었습니다. 종교개혁은 그리스도를 믿어 그분의 공로를 예배에서 받아 개혁된 자로서 세상을 개혁하려고 하였습니다. 2절에 "변화를 받아"는 라틴어역에서 "개혁되라"로 번역하고 있습니다. 개혁은 우리의 힘에 의한 혁명이 아닙니다. 이미 그리스도로 말미암아 개혁되었으니, 죄의 병기였던 우리 몸을 성령님 안에서 살아 거룩하여 하나님이 기뻐하시는 산 제사로 드리는 영적 예배가 개혁의 출발이고 개혁 자체입니다.

하나님의 새사람답게 살라!
1. 그리스도 때문에 새사람답게 영적 예배를 드리자

2. 성령님 안에서 새사람답게 이 세대를 본받지 말자
3. 분별하는 개혁된 새사람답게 살자

1. 그리스도 때문에 새사람답게 영적 예배를 드리자

사도는 우리의 신분을 들어 권면합니다. 이미 우리는 그리스도 때문에 영적 예배에 합당한, 살아 거룩하여 하나님께서 기뻐하시는 제물이 되었습니다. 물론 본문에 그리스도가 나오지는 않습니다. '모든 자비'에 그리스도가 전제되어 있습니다. 하나님은 그리스도 안에서 우리에게 자비로우십니다. 사도는 이 자비를 밑천으로 삼아 권면합니다. "네 속에 있는 바를 행하면, 하나님께서 은혜를 베푸시리라."라는 권면이 아닙니다.

자비, 그리스도를 보십시오! 이 자비는 구약에서 어머니의 자애로운 품을 뜻합니다. 하나님은 죄인이요 탕자인 우리를 내치지 않으셨습니다. 오히려 그리스도 안에서 사죄하시고 탕자를 껴안아 품어주셨습니다. 과거를 묻지 않으십니다. 우리의 출발은 용서받은 아들과 딸입니다.

아버지는 과거를 묻지 않지만, 자녀는 자기 과거를 잊지 말아야 합니다. 현재를 감사하게 하기 위함입니다.

그리고 장래로 향하여 나아가게 함입니다. 과거 우리는 제물로는 합당하지 않았습니다. 구약에서 여호와께서 명하신 제물은 "기쁘게 받으심이 되도록 아무 흠이 없는 온전한 것"(레위 22:21; 3:1, 6 참조)이어야만 하였습니다.

왜 하나님께서 기쁘게 받을만한 흠 없는 온전한 제물을 바치라고 하셨는지요? 온전한 제물을 우리에게 주시기 위함이었습니다. 우리의 대속은 "오직 흠 없고 점 없는 어린 양 같은 그리스도의 보배로운 피로 한 것입니다."(벧전 1:19; cf. 3:14) 예수님은 살아 거룩하여 하나님이 기뻐하시는 제물이요 또한 자기를 드리신 제사장이십니다. 온전한 제물 예수님 때문에 이제 우리는 새사람답게 우리 몸을, 살아 거룩하여 하나님이 기뻐하시는 제사로 영적 예배를 드려야 합니다.

우리는 살아있는 제물입니다. 구약시대에는 제물을 죽여 바쳤습니다. 우리 어린양 예수님께서 도살 당한 마지막 제물이십니다. 그런데 이 예수님께서 부활하셨습니다. 예수님은 '산 돌'(벧전 2:4)이십니다. 우리를 대속하신 예수님 안에서 우리는 죽은 제물이 아니라 산 제물이요 새사람입니다. 예수님의 부활, 이것이 우리의 출발점입니다.

우리는 거룩한 제물입니다. 그리스도께서 교회를 사랑하시고 교회를 위하여 자기를 주사 우리를 물로 씻어 말씀으로 깨끗하고 거룩하게 하셨기 때문입니다(엡 5:25-27).

예수님 때문에 살아있는 거룩한 제물인 우리를 하나님께서 이제 비로소 기뻐하십니다. 본래 우리는 하나님 앞에서 가증스러운 죄인이었습니다. 이게 루터 선생이 말한 코람데오[12]입니다. 이제부터는 예수님을 통하여 우리를 보시니, 우리는 의인입니다! 이게 진정한 '코람데오'이지요. 죽어 거룩하지 않은 제물은 제단에 바칠 수 없습니다. 예수님 때문에 우리는 하나님께서 기뻐하시는 제물이요 새사람입니다.

이전에는 제물만을 죽여 피를 바쳤을 뿐, 예배자는 희생되지 않았습니다. 그러나 예배자가 자기 몸을 바치지 않으면 그 예배는 외식에 그칠 위험이 큽니다. 이미

---

[12] 이에 대해서는 필자의 『코람데오』(그라티아)에서 자세히 설명했다.

사무엘은 사울에게 "순종이 제사보다 낫다."고 책망하였습니다. 지금도 마찬가지입니다. 속사람은 빠진 채로 짐승만을 바치는 제사, 예배자 자신을 바치지 않는 형식적인 예배, 하나님께서는 이런 제사와 예배를 원치 않으십니다. 하나님께서 기뻐하는 거룩한 산 제물이신 예수님 덕분에 우리는 우리 몸을 제물로 삼아 참되고 합당한 예배다운 예배를 드릴 수 있습니다.

그리스도의 제사가 모든 제사를 완결하였기 때문에, 이제 우리의 '믿음의 순종'(롬 1:5, 16:26)이 제사를 대신합니다. 하나님은 제물이 아니라 예배자 전부를 원하십니다. 성령님께서 우리 몸을 예수님 때문에 하나님 아버지께서 기뻐하시는 거룩한 산 제물로 바치게 하십니다. 이것이 영적 예배, 합당한 참 예배라는 말씀입니다. 새사람만이 드릴 수 있는 예배입니다.

2. 성령님 안에서 새사람답게 이 세대를 본받지 말자

영적 예배에 합당한 이런 제물은 다시는 죽은 제물, 흠과 점이 있는 불결하고 가증스러운 제물이 될 수 없습니다. 다시 죄에 빠질 수 없다는 말입니다. 죄에 빠지지 말라는 말이, 이 세대를 본받지 말라는 말씀의 뜻입니다.

그래야 이 세대를 개혁할 수 있기 때문입니다.

예수님은 "이 세대는 악한 세대라."고 말씀하셨습니다(눅 11:29). 이전에 우리도 이 세대에 속하였던 옛사람이었습니다. "그때에 너희가 그 가운데서 행하여 이 세상 풍습을 좇고 공중의 권세 잡은 자를 따랐으니 곧 지금 불순종의 아들들 가운데서 역사하는 영이라."(엡 2:2) 이 세상과 풍습, 바로 우리 사회를 짓누르고 있는 관행이고 풍조와 관례입니다.

우리가 이전에는 이 세대에게 조율되어(본 받아) 이 세상의 흔적을 우리 몸에 지녔었습니다. 이런 풍습(세대)으로부터 하나님께서는 우리를 불러주셨습니다. 말하자면 예수님 안에서 자기의 나라로 이민 초청장을 보내어 이주시키셨습니다. 우리를 너무 사랑하셨기 때문입니다. 이제 우리는 그리스도 때문에 자비의 아버지께로 조율되었습니다. 하나님의 인도를 받아 예수님의 흔적(갈 6:17)을 몸에 지니고 있습니다. 이 조율과 흔적, 우리가 쟁취한 것이 아니라 받은 것입니다. 자비의 아버지께 조율된 이 신분과 상태를 지키라는 명령입니다.

이 세대는 악하고, 어둡고 방탕합니다. 그러나 우리는 "빛입니다. 빛의 자녀들처럼 행하십시오!"(엡 5:8) 빛인 우리는 이 세대를 본받을 수 없습니다! "낮에와 같이 단정히 행하고 방탕과 술 취하지 말며 음란과 호색하지 말며 다투거나 시기하지 말며 오직 주 예수 그리스도로 옷 입고 정욕을 위하여 육신의 일을 도모하지 말라."(롬 13:13-14)

이 세대를 본받지 말라! 우리가 이 세대에 속하지 않았지만, 이 세대 가운데 살고 있기 때문입니다. 예수님께서는 겟세마네에서 우리를 위하여 기도하셨습니다. 우리가 속하지 않은 이 세상에서 우리를 데려가시기 위함이 아니라 "다만 악한 자에게 빠지지 않게 보전하여 주실 것"(요 17:15)을 간구하셨습니다. 그래서 우리도 이 악한 세대 중에서 "다만 악자(惡者)에게서 구하여 주시옵소서"[13]라고 기도하면서 이 세상을 개혁하여야 합니다.

그러나 개혁을 위하여 위탁받은 '지금'을 살아가면

---

[13] "다만 악에서 구하소서!" 여기서 '악'은 중성명사로도 볼 수 있지만, 남성 명사로 봐야 한다. 즉 막연한 '악'에서 건져 달라는 기도가 아니라, 악한 자, 곧 마귀에게서 건져주시기를 원하는 기도이다.

서 이 세대를 개혁하기는커녕 오히려 이 세대를 본받을 위험이 더 큽니다. 죄의 옛집에 대한 향수는 너무 강합니다. 개가 그 토하였던 것에 돌아가고 돼지가 씻었다가 더러운 구덩이에 도로 눕습니다(벧후 2:22). 이 말씀은 우리의 죄의 습관을 말합니다. 관행을 말합니다. 우리 각자가 정당화하는 관행이 뭡니까? 꼼꼼히 헤아려 보십시오.

사실 교인들이 심지어 장로나 목사가 비일비재하게 이 세대 사람들과 같은 죄목으로 경찰에 붙잡히고 검찰에 소환되고 법정에 섭니다. 각종 인사 청문회에서 낙마한 신자들이 적지 않습니다. 그러면서도 예수님 덕분에 하나님께서 기뻐하시는 거룩한 산 제물이 된 자들이 뻔뻔하게도 이 세대를 본받아 '관행'을 들먹입니다! 이로 인하여 교회가 당하는 시련은 큽니다. 왜 '개독교'라는 말이 나왔겠습니까? 이런 일들은 전도를 막으며, 젊은이들이 교회를 싫어하고 떠나가게 하는 원인이 되기도 합니다(마 23:13 참조). 빛의 자녀는 관행의 흑암이 아니라 빛을 주신 하늘 아버지[天父]를 드러내고 영광 돌려야 합니다. "이같이 너희 빛을 사람 앞에 비춰게 하여 저희로 너희 착한 행실을 보고 하늘에 계신 너희 아버지께 영광을 돌리게 하라."(마 5:16)

바울 사도는 당시 유대인들을 책망합니다. "율법을 자랑하는 네가 율법을 범함으로 하나님을 욕되게 하느냐? 하나님의 이름이 너희로 인하여 이방인 중에서 모독을 받는도다."(롬 2:23-4) 이 질책이 우리에게는 해당되지 않습니까?

우리는 반성해야 합니다. 우리 중에는 이 세대를 본받는 일이 없는지 직시해야 합니다. 회개해야 합니다. 교회 안에 세상과 관행이 들어와서는 안 됩니다. 우리는 이 세상 속에 살지만 세상의 원리, 이 세대의 가치관으로 살아서는 안 됩니다. 개혁해야 합니다. 우리 때문에 하나님의 이름이 더럽혀지지 않는지 잘 살피고 뉘우쳐야 합니다. 산 제물은 다시 죽을 수 없고, 토하였던 것에 다시 돌아갈 수 없습니다.

3. 분별하는 개혁된 새사람답게 살자

곧 마음을 새롭게 하고 변화를 받아 분별력을 갖추어야 합니다. 근신하고 깨어있어야 합니다(1:28!, 14:22). "개들이 나를 에워쌌으며 악한 무리가 나를 둘러 내 수족을 찔렀나이다."(시 22:16) 이처럼 우리 원수 마귀는 우는 사자같이 두루 다니면서 삼킬 자를 찾고 있습니다

(벧전 5:8). 마귀가 어디에 있는지, 어떻게 우는 사자처럼 두루 다니고 있는지, 날 삼키려고 하고 있는지, 잘 살펴야 합니다.

사도는 "본받지 말라"에 이어 두 번째로 명령합니다. "변화를 받아라!" 변화를 받아 마음을 새롭게 해야 합니다. 그런데 이 두 동사는 좀 특별합니다. 수동태 명령형입니다(엡 4:23 참조). 우리는 그리스도 때문에 자비의 아버지를 본받도록 그분께 조율되었습니다. 이 조율은 우리가 쟁취한 것이 아니라 받았을 뿐입니다. 자비의 아버지께 조율된 이 신분과 상태를 지키라는 명령입니다. 그리스도께서 우리를 변화시키셨습니다. 그래서 우리는 개혁되었습니다(수동태). 이제 우리는 본받지 않음과 개혁됨을 우리 몸에서 이루어야 합니다(명령형). 이 일을 성령께서 우리에게 행하실 때에, 비로소 우리 또한 본받지 않고 개혁할 수 있습니다.

'변화를 받다'는 가치관의 변화를 말합니다. 옛 것은 지나가고 새 것이 왔기 때문입니다(사 43:19). 새 포도주는 새 부대에 담아야 합니다. 옛사람을 벗고 새사람을 입어야 합니다. 개혁입니다. 마음을 새롭게 하여 바로 판단하여야 합니다. 이제는 하나님의 선하시고 온전하신 뜻이 무엇인지를 바로 깨달아 분별하는 새 마음이 필요합니다. 그래서 하나님을 기쁘게 해드려야 합니다.

　2012년 설날을 지나고 2월 17일 한 조경업자가 검찰에 불구속 기소되었습니다. 그는 건설업자의 부탁을 받고 해당 시청 건설 담당 고위공무원에게 3000만원(5만원 권 100장씩 6묶음)이 담긴 한우갈비세트를 전달한 혐의를 받았습니다. 조경업자 김 씨는 당초 경찰 조사과정에서 "(3000만원이) 교회에 헌금할 돈이었는데 잘못 전달됐다"며 혐의를 부인해오다 결국 뇌물 전달을 자백했습니다.

　신자가 틀림없는 이 조경업자는 분별력이 부족했습니다. 하나님의 뜻을 분별하라. 하나님의 뜻이 뭐죠? 요사이 신자들조차도 점쟁이를 찾는다고 합니다. 하나님께서는 자기 뜻을 다 계시하시고 성경에 기록하게 하셨습니다. 성경 말씀을 잘 알아야 합니다. "하나님의 뜻은 이것이니 너희의 거룩함이라."(살전 4:3) 거룩함, 이것이 하나님의 선하고 기뻐하시는 온전한 뜻입니다. 이 뜻조차 다 하나님께서 우리 안에서 행하시고 이루십니다. "평강의 하나님께서 모든 선한 일에 너희를 온전케 하사 자기 뜻을 행하게 하시고 그 앞에 즐거운 것을 예수 그리스도로 말미암아 우리 속에 이루시기를 원하노라."(히 13:21)

그런데도 몸이 말을 듣지 않습니다. 몸이 관행에 익숙하여 의의 무기로 훈련되지 않았기 때문입니다. 성경 말씀을 따라 하나님의 뜻을 잘 분별하여도, 손해를 겁냅니다. 이 세대의 손가락질에 의기소침합니다. 이 악한 세상에서 왕따 당할까봐 겁을 냅니다. "세상과 벗된 것이 하나님의 원수임을 알지 못하느냐? 그런즉 누구든지 세상과 벗이 되고자 하는 자는 스스로 하나님과 원수 되는 것이니라."(약 4:4) 세상과는 원수가 되십시오. 그래야 하나님과 벗이 될 수 있습니다! 그래야 원수를 사랑하고 세상을 정복할 수 있습니다.

그러니 분별해야 합니다. 분별은 '시험하는 것'입니다. 우리는 주님을 기쁘시게 할 것이 무엇인가 시험하여야 합니다(엡 5:10). 또는 헤아리는 것입니다. "범사에 헤아려 좋은 것을 취하고 악은 어떤 모양이라도 버리라."(살전 5:21-22) 다 분별을 뜻합니다.

왜 분별하고 시험하고 헤아리라 하십니까? 하나님

께서 아브라함을 시험하시듯, 우리를 정금같이 정하게 하시려고 하십니다. "풀무는 금을 연단하거니와 여호와께서는 마음을 연단하시느니라."(잠 16:3) 그래서 성도는 항상 기도해야 합니다. "여호와여 나를 살피시고 시험하사 내 뜻과 내 양심을 단련하소서."(시 26:2) 주님의 시험을 받지 않으면 악한 자의 시험을 받습니다. 우리는 항상 "시험에 들게 하지 마옵시며"를 기도해야 합니다. 그리고 늘 주님께 조율되어 매순간 그분께 여쭙고 시험을 받고 양심을 단련 받아야 합니다.

분별은 하나님의 시험 앞에 살아가는 성도의 모습을 말합니다. 무슨 말을 하며, 어떤 처신을 해야 할까, 이 모든 것을 주님께서는 성령으로 항상 우리에게 말씀하십니다. "보혜사 곧 아버지께서 내 이름으로 보내실 성령 그분이 너희에게 모든 것을 가르치고 내가 너희에게 말한 모든 것을 생각나게 하리라."(요 14:26) 한 순간도 우리는 여기에서 면제받지 않습니다. 성령님을 모시고 동행하는 자는 하나님의 선하시고 기뻐하시고 온전하신 뜻을 분별하여, 이 세대를 본받지 않고 개혁할 수 있습니다.

향판(響判)인 어떤 장로, 전관예우를 피하기 위하여

끝까지 판사직만을 고수하고 개업하지 않는 작은 개혁을 이루었습니다. 그의 개혁은 이 세대를 본받지 않고 오직 마음을 새롭게 함으로 변화를 받아 하나님의 선하시고 기뻐하시고 온전하신 뜻이 무엇인지 분별하였기 때문입니다. 이런 개혁은 예배에서 시작됩니다. 말씀과 성례의 예배 중에 그리스도 덕분에 성령님의 능력으로 매주일 하나님께서 기뻐하시는 거룩한 산 제물이 되기 바랍니다. 그리고 이 세대를 본받지 마십시오! 무엇보다도 이미 개혁되었으니 개혁하십시오!

개혁교회 교인들은 이 세대를 분별하되 부정적인 언사로 불평만 해서는 안 됩니다. 오히려 적극적인 분별과 긍정적인 언사와 행동을 보여야 합니다. 우리 각자의 삶, 참되고 합당한 영적 예배로 삼기 바랍니다. 이 자리에 함께 모인 교회[14]는 쇠퇴하는 한국교회를 본받지 말고 개혁되었으니 개혁하는 개혁의 선봉이 되기 바랍니다. 거룩하고 기뻐하시는 산 제물로 살아가기 위하여 훈련을 받는 새사람의 집, 교회가 되기 바랍니다.

---

14 이 설교를 함께 듣는 세미나에 참여한 교회들. 서문에서 밝히고 있다.

말씀을 맺겠습니다. 그리스도 덕분에 산 제물인 새사람이 되신 교우 여러분, 영적 예배로 이 세대를 본받지 말고 개혁을 받아 하나님의 뜻을 분별하고 하나님께서 기뻐하시는 산 제물로 날마다 살아가십시오! "너희도 산 돌 같이 예수 그리스도로 말미암아 하나님께서 기쁘게 받으실 신령한 제사를 드릴 거룩한 제사장이 될지니라."(벧전 2:5). 우리는 예수님 때문에 살아 거룩하여 하나님께서 기뻐하시는 제물일 뿐만 아니라 제사장입니다! 하나님의 영광을 위하여 사십시오! 이 세대를 본받지 마십시오! 반드시 이 악한 세대를 개혁하십시오. 제사장으로서 시험하고 분별함으로 하나님께서 받음직한 제물로 새사람의 삶을 매일 사시기 바랍니다.

사랑하는 교회들이여, 살아 거룩한 새사람이 되었으니 하나님께서 기뻐하시는 개혁교회가 되십시오! 하나님께서 이 땅의 교회를 심판하기 시작하셨습니다. 거룩한 공교회를 갈망하며 이곳에 모인 교우 여러분, 살아 계신 하나님께서 여러분을 그리스도로 말미암아 거룩하게 하셔서 성령님의 능력으로 여러분을 자기가 기뻐하시는 제물로 삼으셨습니다. 삼위일체 하나님께서 여러분을 개혁교회로 부르셨습니다. 혹 지금까지 도피하듯 이

곳에 모였으나, 지금부터는 여러분을 사용하시어 한국교회를 개혁하실 것입니다. 여러분은 제물일 뿐만 아니라 제사장입니다. 개혁되었으니 개혁하라! 한국교회의 개혁을 위한 제물과 제사장이 되십시오! 그리하여 한국교회가 다시 살고 하나님의 이름이 영광을 받을 것입니다.

설교 3
성령 안에서 예수님의 일꾼인 하나님의 제사장 [15]

로마서 15:14-20

1. 기존교회를 사랑하고 신뢰하는 사도
2. 하나님께서 기쁘게 받으시는 제물
3. 흠없는 제물 예수님

바울 선생은 이방인 중에서 예수 그리스도의 것으로 부르심을 받은 로마 교우들에게 편지하면서, 자신을 이방인의 사도로 소개합니다. 그리고 이 직분을 영광스럽게 여깁니다(11:13; 갈 2:8). 로마 교인들에게는 자신이 예수 그리스도로 말미암아 은혜를 받았고 사도의 직분을 받았다

---

[15] 본 설교는 종교개혁 세미나와는 관계가 없지만, 고려신학대학원 경건회에서 행한 설교이다(2013.11.13).

고 소개합니다(1:5). 은혜로 받은 직분은 예수님의 이름을 위하여 이방인 중에서 믿어 순종하게 하는 직분입니다.

친구 여러분이 맡을 직분 역시 이방인들을 믿고 순종하게 하는 직분입니다. 우리는 모든 민족이 믿어 순종함으로써 하나님 아버지께 영광을 돌리게 하여야 합니다. 그런데 현재 한국교회는 이방인화되고 있습니다. 재이방인화되고 있습니다. 우리는 이방인을 성령님 안에서 거룩하게 만들어 하나님 아버지께서 받으심직한 제물로 바치도록 그리스도 예수님의 부름을 받은 일꾼이요 하나님의 복음의 제사장 직분을 맡을 자들입니다. 본문을 따라 우리의 직분을 다시 확인합시다.

1. 기존교회를 사랑하고 신뢰하는 사도

바울 선생은 로마교인들을 신뢰합니다. 그들이 선함으로 가득하고 모든 지식이 충만하여 상호 권면이 가능한 성도임을 확신합니다(15:14). 이들의 믿음이 온 세상에 회자되고 있다고 이미 서두에서 밝혔습니다(1:8). 이런 교회는 더 이상 이방인의 교회가 아닙니다. 사도가 더 넓고 멀리 또 다른 이방인을 찾아 나서는 데에 도움을 줄 초보 '기성 교회'입니다. 이런 기존 교회가 필요한 시대입니다.

한국교회가 심각하게 재이방인화되어 가고 있지만, 우리는 바울 사도처럼 기존교회를 신뢰할 필요가 있습니다.

사도는 초보 기존 교회에게 자기의 복음을 알립니다. 일면식이 없는 이방인의 사도가 자신을 소개하고 같은 믿음을 가진 한 몸에 속한 성도임을 알립니다. 외교 용어로 말하자면 자천하면서 로마교회의 아그레망[16]을 청합니다. "여러분들을 뵙고 먼저 여러분들과 사귐으로 얼마간 기쁨을 가진 후에 여러분들이 저를 스페인으로 보내주시기를 바랍니다."(15:24)

자기 복음(2:16, 16:25)을 소개함으로써 사도는 주로 이방인으로 이루어진 로마 교인들의 믿음을 견고하게 하려고 합니다(1:11). 곧 로마에 있는 교우들에게 이 복음을 다시 생각나게 하였습니다. 자기 복음은 자기 것이 아니라, 하나님께서 은혜로 주셨습니다. 로마 교회는 자기가 직접 사역하여 세운 교회가 아닙니다. 사도는 남의 터 위에 건축하지 않는다는 원칙에 충실하였습니다. 곧

---

[16] 대사나 공사 따위의 외교 사절을 다른 나라에 파견할 경우, 그를 정식으로 임명하기 전에 파견될 상대국으로부터 받는 동의

그리스도의 이름을 부르는 곳에서는 복음을 전하기 않기를 힘썼습니다(15:20). 사도가 지닌 공교회적 사명입니다. 자기가 건축한 교회에 대해서도 이런 자세를 지녔습니다. "우리가 여러분들의 믿음을 주관하려는 것이 아닙니다. 오직 여러분의 기쁨을 돕는 자가 되려 합니다. 이는 여러분이 믿음에 서있기 때문입니다."(고후 1:24) 주관(주장)하지 않고 도우며 견고하게 하려는 자세, 결코 쉽지 않습니다. 교회를 개척하였다면 주관하려는 게 인지상정입니다. 개척하지 않았으면 돕기보다는 못 본체 합니다. 그러나 바울 사도는 다릅니다. 무관심하지도 않고 주관하려 들지도 않습니다. 사도는 이런 공교회성 위에서 기존 교회를 존중합니다.

사도는 자신이 하나님의 은혜로 이방인을 위하여 그리스도 예수님의 일꾼이 되었다고 말합니다. 이 일꾼이 하는 일은 하나님의 복음의 제사장 직분입니다. 이 제사장 직의 내용은 무엇인가요? 이방인들로 이루어진 제물을 받으심직하게 하는 것입니다. 어떻게 하여야 받으심직한가요? 성령님 안에서 거룩하게 만들어야 합니다.

우리도 이방인을 직접 거룩한 제물로 바쳐야 합니

다. 기존교회가 필요합니다. 기존교회를 신뢰하는 공교회적 자세도 필요합니다. 우리의 사명은 국내 개척과 해외 선교입니다. 그리고 간접적으로 점차 이방인이 되어가고 있는 한국교회 교인들을 하나님께서 받으심직한 제물로 바쳐야 합니다. 그렇게 하기 위해서는 한국교회와 교인들을 성령님 안에서 거룩하게 만들어야 합니다. 이것은 목사가 하여야 할 일입니다.

2. 하나님께서 기쁘게 받으시는 제물

사도는 하나님께서 은혜로 자신을 그리스도 예수님의 일꾼으로 만드셨음을 앞세웁니다. 사도는 대개 자신을 사도나 종 또는 일꾼으로 부름 받았음을 말합니다. 사도는 그리스도의 일꾼이요(고후 11:23), 하나님의 일꾼(고후 6:4)이며, 또한 교회의 일꾼(골 1:25)입니다. 그리고 고린도전서 4:1에서는 자기를 "그리스도의 일꾼과 하나님의 비밀을 맡은 자"로 인정할 것을 촉구합니다. 이처럼 사도는 자기 이름으로 일하지 않습니다. 즉 사도가 전하고 가르치고 명하고 행하는 모든 것의 기원이 그리스도 안에서 실현된 하나님의 계획임을 강조합니다.

그런데 사도가 여기에서 사용한 일꾼(15:16)은 좀 독

특합니다. 여기서 일꾼은 구약의 제사장 직무를 의미합니다. 또 "(복음의) 제사장 직분을 함"이라는 동사는 신약에서 여기에서만 나옵니다. 사도가 제사장인가요? 목사가 제사장인가요? 실로 그렇습니다!

제사장의 직분을 행하는 일꾼이 어떤 일을 행하는가요? 이방인을 제물로 드리는 것입니다. 곧 거룩하지 못한 것들을 하나님께서 받으심직한 제물로 변화시키는 일입니다. 그래서 성령님 안에서 거룩하게 한다는 것은 같은 말씀입니다. "받으실 만하다"는 구약의 '기쁘게 받으신다'에 해당합니다.

제사장 직분을 행하는 일꾼은 구약의 제사 예전에서 나왔습니다. "예물이 소의 번제이면 흠 없는 수컷으로 회막 문에서 야웨 앞에 기쁘게 받으시도록 드릴지니라."(레 1:3) 화목제물은 온전하고 흠이 없어야 하나님께서 기쁘게 받으십니다. 결점이 있고 흠이 있는 것을 야웨께서는 기쁘게 받지 않으십니다(레 22:21, 25). 하나님께서는 흠 없고 점 없는 제물을 기쁘게 받으십니다. 제사장은 제물이 흠과 점이 없는지 살펴야 합니다. 제사장은 거룩하고 온전한 제물을 바쳐야 합니다.

제물을 거룩하게 드리는 제사장도 거룩해야 합니다. 여호와께 가까이 하는 제사장들은 그 몸을 성결하게 하여야 합니다. 그렇지 않으면 여호와께서 그들을 치실 것입니다(출 19:22). 아론이 야웨의 성소에 갈 때, 관을 쓰고 관 앞 부분에는 명패를 붙여야 합니다. "여호와께 성결!" 이 명패가 아론의 이마에 있어야 성물을 야웨께서 받으십니다(출 28:36-38). 그리스도 예수님의 일꾼 바울 사도가 받은 제사장 직분은 무엇인가요? 이방인을 하나님께서 기쁘게 받으시는 제물로 바치는 사명입니다.

우리도 여전히 이방인을 하나님께 바쳐야 합니다. "이방인들도 그 긍휼하심으로 말미암아 하나님께 영광을 돌리게 하려 하심이라."(15:9) 이방인 선교는 구약에서 이미 약속된 일입니다. 구약 말씀을 유대인들이 맡았으나 결코 이방인을 배제하는 유대교 특유의 배타성은 근거가 없습니다. 우리는 이방인이었으나 이제는 기존교회가 되었습니다. 감사할 일입니다. 이제 우리는 이방인을 향하여 온 세상으로 나가 복음을 전해야 합니다. 이것은 이방인을 하나님께서 받으심직한 거룩한 제물로 바친다는 뜻입니다. 그래서 하나님의 긍휼을 입고 하나님께 영광을 돌리게 해야 합니다. "모든 열방들아 주를 찬양하

며 모든 백성들아 그를 찬송하라!"(15:11)

그런데 친구 여러분, 여기에 또 다른 측면이 있습니다. 한국교회와 교인의 재이방인화(再異邦人化)입니다! 한국교회는 잠시 하나님께서 받으심직하였던 제물이었습니다. 이제는 하나님께서 가증스럽게 여기시는 제물이 되고 말았습니다. "너희가 더러운 떡을 나의 제단에 드리고도 말하기를 우리가 어떻게 주를 더럽게 하였나이까 하는도다. 이는 너희가 야웨의 식탁은 경멸히 여길 것이라 말하기 때문이라."(말 1:7) 야웨의 제단은 더러워졌고 그 위의 제물은 경멸 당합니다. 제물 드림을 번거롭다고 말하면서 코웃음을 치고, 훔친 물건을 갖다 바칩니다. 하나님께서는 이처럼 흠있는 제물을 바치는 자에게 저주를 발하십니다(말 1:12-13).

"제사장의 입술은 지식을 지켜야 하겠고 사람들은 그의 입에서 율법을 구하게 되어야 할 것이니 제사장은 만군의 여호와의 사자가 됨이거늘 너희는 옳은 길에서 떠나 많은 사람을 율법에 거스르게 하는도다."(말 2:7-8) 그런데 제사장이 타락하였습니다. 목사가 타락하였습니다.

현하 한국교회는 제사장인 목사가 바치는 제물인 교인들이 하나님께서 받으심직한 제물이 아닙니다. 심지어 목사조차도 하나님께서 받으심직한 제사장이 아닙니다. 제사장이 타락하니 제물도 타락합니다. 목사가 타락하니 교인도 타락합니다. 이것이 바로 한국교회와 교인의 재이방인화(再異邦人化)입니다! 안타깝게도 재이방인화의 선두에 목사가 서있습니다.

3. 흠 없는 제물 예수님

이런 재이방인화는 흠과 점이 없는 제물 예수님의 보혈을 더럽힙니다.

> 너희 조상이 물려 준 헛된 행실에서 대속함을 받은 것은 은이나 금 같이 없어질 것으로 된 것이 아니요 오직 흠 없고 점 없는 어린 양 같은 그리스도의 보배로운 피로 된 것이니라.(벧전 1:18-19)

오직 흠과 점이 없는 제물은 예수님 밖에 없습니다. 구약의 소와 양이 육체를 정결하게 하고 거룩하게 하였는데 "하물며 영원하신 성령님으로 말미암아 흠 없는 자기를 하나님께 드린 그리스도의 피가 어찌 너희 양심을 죽은 행실에서 깨끗하게 하고 살아 계신 하나님을 섬기게 하지 못하겠느냐?"(히 9:14). 예수님은 우리를 물로 씻어 말씀으로 깨끗하게 하사 거룩하게 하시고 자기 앞에 영광스러운 교회로 세우사 티나 주름 잡힌 것이나 이런 것들이 없이 거룩하고 흠이 없게 하셨습니다(엡 5:26-27).

우리는 조상의 헛된 행실, 곧 한국인의 심성과 이 심성에서 나오는 온갖 더러운 관행과 가치관의 부패에서 대속함을 받았습니다. 우리를 여기에서 구원하시려고 어린양 그리스도께서 피 흘려주셨습니다. 바울 사도 앞서 예수님이 먼저 제사장 직분을 행하셨습니다. 사도가 하나님의 복음의 제사장 직분을 행하여 성령님으로 거룩하게 하여 이방인을 제물로 바치기 전에, 예수님은 영원하신 성령님으로 말미암아 흠 없는 자기를 보혈로써 하나님께 바치셨습니다! 이 예수님으로 말미암아 사도는 은혜와 직분을 맡았습니다.

친구 여러분, 우리는 자신을 성령님으로 말미암아 성결하게 하여야 합니다. 이미 그리스도께서 우리 앞서 자기를 거룩하게 하셔서 흠 없는 자기를 하나님께 바치셨습니다. 은혜로 우리를 일꾼으로 부르시려고 하십니다. 우리 자신이 거룩해야 제물도 거룩합니다.

그런데 한국 교회 안에 조상들의 헛된 행실이 다시 판을 치고 있습니다. 예수님의 보혈로 우리를 거룩하게 하셨음에도 양심의 죽은 행실이 목사들 사이에 기승을 부리고 있습니다. 어떤 목사들이 돈을 좋아합니다. 어떤 목사들이 대접 받기를 좋아합니다. 어떤 목사들은 교인들을 함부로 대합니다. "살진 양을 잡아 그 기름을 먹으며 그 털을 입되 양떼는 먹이지 아니하는"(겔 34:3) 목사들이 즐비합니다. 어떤 목사들이 제7계명을 범합니다. 어떤 목사들은 거짓말에 능수능란합니다. 그가 어찌 설교의 말로 사람을 살릴 수가 있겠는가! 그래서 마땅히 받아야 할 존경을 받지 못합니다.

그래서 교인들이 교회를 떠납니다. 가나안교인[17]들이 늘고 있습니다. 이들은 목사와 치리회(당회, 노회, 총회)의 독주와 횡포를 혐오하면서, 다시 이방인이 되고 있습니다. 남아있는 교인들은 말씀의 기갈 현상을 겪고 있습니

---

[17] '가나안'을 거꾸로 읽으면 '안나가'이다. 즉 스스로 신자라고 하나, 교회 출석은 하지 않는 교인을 일컫는다.

다. 교인들이 성경을 모릅니다. 목사들이 성경을 가르치지 않고 하찮은 처세술을 말하고 도덕을 가르치기 때문입니다. 이런 일은 세상에도 얼마든지 있고 세상이 더 탁월합니다. 이런 개그를 어떤 목사들이 배워 이방인을 제물로 바쳐야 하는 설교단에서 흉내를 내고 있습니다. 그러면 목사의 설교와 사역은 경쟁력이 없습니다. 성경에는 박사가 되십시오! 설교단에서 오직 삼위일체 하나님만을 말하는 신학을 하십시오! 교회와 목사만이 해야 하는 일, 그래서 삼위일체 하나님께서 하도록 주신 일을 해야 목회와 교회와 교인은 이 세상에서 독보적 존재가 됩니다.

우리는 하나님께서 받으실 만한 향기로운 제물이어야 합니다. 그래야 하나님을 기쁘시게 할 수 있습니다(빌 4:18). 예수 그리스도로 말미암아 예수님처럼 산돌 같이 하나님께서 기쁘게 받으시는 신령한 제사를 드릴 거룩한 제사장이 되기를 바랍니다(벧전 2:5). 우리는 십사만 사천명을 제물로 바쳐야 하는 제사장입니다. 여자와 더럽히지 아니하고 순결하며, 어린양이 어디로 인도하든지 따라가며 사람 가운데서 속량함을 받아 처음 익은 열매로 하나님과 어린 양에게 속한 자들 말입니다. "그 입에는 거짓말이 없고 흠이 없는 자들이다."(계 14:4-5). 어린 양이 성전인 새 예루살렘에는 속된 것이나 가증한 일 또는 거짓말하는 자는 결코 들어가지 못합니다(계 21:27).

　예수님으로 말미암아 산 돌이 된 여러분, 성령님으로 말미암아 산 제물이 된 여러분, 여러분이 교회의 소망입니다. 여러분은 예수님의 일꾼이 되어 새 예루살렘에서 하나님을 찬양할 이방인을 제물로 하나님께 바치는 제사장들입니다. 여러분이 무너지면 한국교회도 무너집니다. 여러분이 서야 한국교회도 섭니다. 여러분을 그리스도의 일꾼이 되게 하시사, 하나님의 복음의 제사장 직분을 하게 하심으로, 재이방화되어 가고 있는 한국교회와 교인을, 성령 안에서 거룩하게 만들어 하나님께서 받으심직한 제물로 바치게 하실 삼위일체 하나님께 세세토록 영광을 돌릴지어다! 아멘.